조선총독부 편

조선동화집

朝鮮童話集

편저 조선총독부(다나카 우메키치)
편자 이시준 · 장경남 · 김광식

제이앤씨
Publishing Company

식민지시기 일본어 조선설화자료집 간행사

1910년 8월 22일 일제의 강점 이후, 2010년으로 100년이 지났고, 현재 102년을 맞이하고 있다. 1965년 한일국교 정상화 이후, 한일간의 인적·물적 교류는 양적으로 급속히 발전해 왔다. 하지만 그 양적 발전이 반드시 질적 발전으로 이어지지 않았음이, 오늘날의 상황이다. 한일간에는 한류와 일류, 영화, 드라마, 애니메이션, 만화, 음악, 소설 등 상호 교류가 확대일로에 있지만, 한편으로 독도문제를 둘러싼 영유권 문제, 일제강점기의 해석과 기억을 둘러싼 과거사 문제, 1930년대 이후 제국일본의 총력전 체제가 양산해낸 일본군 위안부, 강제연행 강제노역 등 전쟁범죄 문제 등이 첨예한 현안으로 남아 있다.

한편, 패전후 일본의 잘못된 역사인식에 대한 시민단체와 학계의 꾸준한 문제제기가 있었고, 이에 힘입은 일본의 양식적 지식인이 일본사회에 존재하는 것도 엄연한 사실이다. 이제 우리 자신을 되돌아보아야 한다. 우리는 일제 식민지 문화와 그 실체를 제대로 규명해 내었는가? 해방후 행해진 일제의 식민지 문화에 대한 비판적 연구가 행해진 것은 사실이지만 그 실체에 대한 총체적 규명은 아직도 지난한 과제로 남아 있다.

일제는 한국인의 심성과 사상을 지배하기 위해 민간설화 조사에 착수했고, 수많은 설화집과 일선동조론에 기반한 연구를 양산해 냈다. 해가 지나면서 이들 자료는 사라져가고 있고, 서둘러 일제강점기의 '조선설화'(해방후의 한국설화와 구분해, 식민시기 당시의 일반적 용어였던 '조선설화'라는 용어를 사용) 연구의 실체를 규명하는 작업이 요청된다.

이에 본 연구소에서는 1908년 이후 출간된 50여종 이상의 조선설화를 포함한 제국일본 설화집을 새롭게 발굴하여 향후 순차적으로 자료집으로 출간하고자 하니, 한국설화문학·민속학에서 뿐만이 아니라 동아시아 설화문학·민속학의 기반을 형성하는 기초자료가 되고, 더 나아가 국제사회에서의 학문적 역할을 증대하는데 공헌할 수 있기를 바라마지 않는다.

숭실대학교 동아시아 언어문화연구소

소장 이 시 준

다나카 우메키치와 조선총독부편 『조선동화집』

김광식, 이시준

최초의 근대동화집인 『조선동화집』에는 서문도 편자의 이름도 명기되어 있지 않아 선행연구에서는 조선총독부의 이데올로기를 반영하는 왜곡된 전래동화집으로 비난 받는 한편, 식민시기 '3대 전래동화집'의 하나로 자리매김 되며 후대에 미친 그 영향력에 관심을 보이는 연구가 진행되었다. 하지만, 실제 편자가 누구이며 어떤 과정을 거쳐 『조선동화집』이 간행되었는지에 대한 규명은 소홀히 되었음을 부정할 수 없다.

1924년 조선총독부 학무국 편집과는 조선민속자료 제1편 『조선의 수수께끼(朝鮮の謎)』(1919)에 이어서, 조선민속자료 제2편 『조선동화집』(1924)을 간행했다.

최인학은 "1920년대는 조선총독부가 어느 정도 민간 문예자료를 수집해 두었고, 그 중에서 골라 쉬운 말로 개작한 것으로 보인다."고 지적하였다.[1] 조희웅은 "아마 순수한 민담집의 집성으로는 이 책이 최초의 저작이 아닌가 한다. 특히, 이 책(『조선동화집』-필자)은 후대의 많은 민담집(혹은 전래 동화집)의 藍本이 된다는 데서 중요시 된다"고 지적하였다.[2] 손동인은 "최초의 전래동화집인 〈조선동화집〉은 유감스럽게도 日語版이었고, 조선총독

1) 崔仁鶴(1974) 『朝鮮昔話百選』 日本放送出版協会, p.310.
2) 조희웅(1989) 『설화학綱要』 새문사, p.20.

부에서 간행되었다. 일어판이었으나 이를 계기로 집대성된 전래동화집들이 그 이후 심심찮게 간행되어 와전인멸(訛傳煙滅)되어 가던 전래동화를 정착시키는데 기여한 공을 잊을 수 없다. (중략) 그 뒤 1926년에 심의린이 〈조선동화大集〉, 1940년에 박영만이 〈조선전래동화집〉을 발행했는데, 前記한 조선총독부 편 〈朝鮮童話集〉과 더불어, 이 시대(갑오경장부터 1945년까지의 한국 전래동화 정착기 -필자주)의 삼대 전래동화집이며, 오늘날 간행되는 각종 전래동화집의 원전이라 해도 과언이 아니다."고 지적했다.[3)]

이처럼, 1990년까지는 『조선동화집』에 대한 성급한 비판보다는 냉철하게 그 공과를 개괄하는 연구가 진행되었다. 이후의 연구의 방향은 비판의 강도는 다르지만 총독부의 이데올로기에 대한 비판으로 이어졌다.[4)] 본격적인 『조선동화집』에 관한 언급은 오타케에 의해 행해졌다. 오타케는 1920년대에 일본어로 간행된 여러 조선동화집의 서문과 목차, 내용을 소개하였다.[5)] 박미경은 일본어 조선설화집의 형제담을 분석하며 "『조선동화집』은 1924년에 조선총독부가 간행한 일련의 총서 중 하나로, 조선의 민속 및 문화를 파악하여 식민통치를 공고히 하려는 조선총독부의 문화정책의 일환으로 출판되었다"고 주장하였다.[6)] 『조선동화집』에 대한 본격적인 연구는 권혁래에 의해 행해졌다.[7)] 문제는 권혁래의 연구 이후에 행해진 『조선동화집』을 다룬 연구들이다. 이들 연구는 지난 10년간 권혁래의 연구를 심화시키지 못하고 동어 반복적으로 권혁래의 연구를 인용하는데 머물렀다.[8)] 교과서

---

3) 손동인(1990)「한국 전래동화사 연구」, 『한국아동문학연구』 창간호, pp.25-26.
4) 박혜숙(2005)「서양동화의 유입과 1920년대 한국동화의 성립」『어문연구』 33-1 ; 김경희(2008)「심의린의 『조선동화대집』의 성격과 의의」『겨레어문학』 41 ; 서동수(2008)「아동의 발견과 '식민지 국민'의 기획」『동화와 번역』 16 ;
5) 大竹聖美(2001)「1920年代 日本의 児童叢書와 「朝鮮童話集」」『동화와 번역』 2.
6) 박미경(2009)「일본인의 조선민담 연구고찰」『일본학연구』 28, p.82.
7) 권혁래(2003)「조선총독부의 『朝鮮童話集』(1924)의 성격과 의의」『동화와 번역』 5.

를 편찬한 조선총독부 학무국 편집과에서 발행된 『조선동화집』이라는 점에서 이데올로기가 있음은 물론이며, 이에 대한 해명이 필요하지만, 관련 사료를 제시하지 못하고 진행되었다는 점이다.[9)]

최근에 권혁래는 2003년에 발표한 논문을 수정하고 이를 발전시켰는데, 선행연구에 대해 다음처럼 지적하였다.

> 오타케 키요미는 『조선동화집』등의 자료를 처음 소개하였고, (중략) 권혁래는 『조선동화집』을 번역하고 이 동화집의 내용과 특질, 문학사적 위상 등을 자세히 언급하였다. 김광식은 『조선동화집』의 실질적 편찬자가 다나카 우메키치(田中梅吉)임을 처음으로 밝히면서 『조선동화집』이해의 새 지평을 열었고, 다나카가 조선 아동의 교화를 위해 이 작품집을 편찬한 것임을 간파하였다.[10)]

권혁래는 위와 같이 연구사를 정리하고, "앞으로 작품 내적으로 좀 더 세밀한 읽기와 분석이 필요하다"고 지적하고, 편자 다나카의 동화관, 인물형상과 식민지 이데올로기를 규명하였다.

독일문학가, 그림 연구자로 알려진 다나카 우메키치(1883-1975)는 1909년 7월, 동경제국대학 독문과를 졸업하고, 1911년 9월부터 12월까지 동화연구가 아시야 로손(蘆谷蘆村, 본명은 重常 1886- 1946)과 함께 『소년잡지(少年

8) 김경희(2008) 「『조선동화집』에서 사라진 토끼의 웃음」, 『아동청소년 문학연구』 12; 백민정(2008) 「『조선동화집』 수록동화의 부정적 호랑이상 편재 상황과 원인」, 『語文研究』 58; 장수경(2008) 「식민지시대 '전래童話'와 '朝鮮的'인 것」, 『한국어문학 국제 학술포럼』 第4次 국제학술대회; 권순긍(2012) 「『토끼전』의 동화화 과정」 『우리말교육 현장연구』10,

9) 학무국 편집과의 설화조사와 수록에 대해서는 다음 논문을 참고. 김광식(2012) 「조선총독부 편찬 일본어교과서 『국어독본』의 조선설화 수록 과정 고찰」 『淵民學志』18집, 연민학회, p.88.

10) 권혁래(2012) 「『조선동화집』(1924)의 인물형상과 이데올로기」 『퇴계학논총』 20, p.253.

雜誌)』(增澤出版社)의 주간이 되어 아동문학에 본격적으로 관여하여, 잡지 『제국교육(帝國教育)』에 아동과 유해문예에 관한 서양의 동향을 소개하는 한편, 일본민속학의 설립자로 유명한 야나기타 구니오(柳田國男, 1875-1962)와 신화학자 다카기 도시오(高木敏雄, 1876-1922)의 향토회에 참가했다. 초기 민속학, 특히 민간전승에 관심을 지니고 1914년에는 『그림동화』(南山堂書店), 다음 해에는 『하우프동화』 등을 번역 소개하여 아동문학 연구가로 그 이름을 알렸다.

일본의 중앙대학 독일학회가 발행한 『독일문화(ドイツ文化)』 21호(1976)에는 그림동화 연구가로 유명한 다카하시 겐지의 '다나카 우메키치 선생님을 추모함'에 이어, 다나카의 연보와 저서・논문목록이 정리되어 있다. 저서목록에는 『조선동화집』을 명기했고, 연보에는 다나카 자신의 이력서를 바탕으로 1916년부터 21년까지 '조선총독부 임시교과용도서 편집사무촉탁'으로 근무했음을 밝히고 있다.

경성제국대학 동창회가 발간한 기념지에 다나카가 회고록을 남겼다. 이에 의하면, 1916년 6월, 동경제국대학 교수인 호시나 고이치(保科孝一)의 소개로 총독부 학무국 편집과장 오다 쇼고(小田省吾, 1871-1953; 1899년 동경제국대학 사학과 졸업)를 면회하고 조선행을 제안 받았다. 다나카는 10월 말에 조선으로 건너왔다. 처음에는 연구대상인 "아동 생활과 심리 세계에 한정된 연구를, 조선의 민속과 그 심리, 민간전승 설화, 가요 등에 이르기까지 확대하여 연구"하는 일이 '긴급과제'라고 여기게 되었다. 전술한 바와 같이 다나카는 그림 동화에 관심을 지니고 "야나기타 구니오의 동종(同種)의 운동에 참여하게 되어, 결국 이 방면의 연구가 항상 자신의 염두에서 떠나지 않았다."고 회상하였다.[11] 실제로 다나카는 야나기타가 편집한 『향토연구(鄉土研究)』 2권4호(1914)에 「가시마의 갑(鹿島の崎)」을 보고하였고, 야나기타가 펴낸『향토회기록(鄕土會記錄)』(大岡山書店,1925)에도 같은 보고가 수록되어 있다. 잡지『민족(民族)』2권 1호(1926)에도「조선완구목록(朝鮮玩具目錄)」을 보고하였다.[12]

다나카의 연구는 다방면에서 행해졌는데, 본래 목적인 총독부 미입학 아동용 독본『아해 그림책 소아화편(小兒畵篇)』천지인(1918-1920) 전3권[13]을 간행하고,『수수께끼의 연구(謎の硏究—歷史とその樣式)』(조선총독부, 1920) 등을 총독부에서 편찬하였다. 또한 고전소설에도 관심을 보여, 오구라 신페이(小倉進平), 김성률(金聲律)과 함께『흥부전』을 일본어로 번역했는데, 이 작업을 진행한 것은 1920년경이다.[14] 또한 1912년 총독부 학무국이 실시한 민간에서 유행하는 신구소설 보고서를 열람하는 등 '가능한 한 널리 수집하려고 노력했다'.[15]

그 후 다나카는 1921년에 총독부로부터 독일유학 명령을 받고, 11월 말에 베를린에 도착해, 1924년 5월 28일 요코하마로 돌아온다. 1924년 6월 초, 교토의 집에서 총독부가 보낸 '6월 19일부, 경성제국대학 예과교수 임명' 사령을 받고, '6월 중순 경' 청량리 예과에 등교했다고 다나카는 회고하였다.[16] 즉,『조선동화집』은 같은 해 9월 1일에 발행되었음으로, 다나카는 불과 3개월 이내에 1917년에 학무국에 제출한 보고서를 바탕으로 설화를 동화로 재화

---

11) 田中梅吉(1974)「城大予科の生誕前の昔がたり」, 京城帝国大学同窓会『紺碧遙かに —京城帝国大学創立五十周年記念誌』p.81.
12) 이상 다나카에 대해서는 다음 논문을 참고. 金廣植(2010)「近代における 朝鮮説話集の刊行とその研究 —田中梅吉の研究を手がかりにして—」, 徐禎完, 増尾伸一郎編『植民地朝鮮と 帝国日本』勉誠出版, pp.176-177.
13)『아해 그림책 소아화편』은 총독부가 편찬한 '미입학 아동용' 교과서로 자리매김 되었다(朝鮮総督府学務局(1921)『現行教科書編纂の方針』).
14) 田中梅吉, 金聲律訳(1929)『興夫伝 朝鮮説話文学』大阪屋号書店, p.4.
15) 田中梅吉(1934)「併合直後時代に流布していた朝鮮小説の書目」『朝鮮之図書館』4巻3号, p.13.
16) 田中梅吉(1974), 위의 논문, p.85.

했음을 확인할 수 있다.

이처럼 1916년 10월 말에 조선에 건너온 다나카는 조선 민간전승에 관심을 지니고 이를 수집했는데, 1917년 보고서는 발견되지 않았다. 하지만 다나카가 학무국내에서 발간된 교육잡지 『조선교육연구회잡지』에 발표한 다음과 같은 일련의 글을 통하여, 그 내용의 일단을 확인할 수 있다.

「동화 이야기(童話の話 附朝鮮人教育所感)」19호(1917년 4월)
「조선동화・民謠竝俚諺・謎」20호(1917년 5월)
「조선동화・民謠・俚諺・謎」21호(1917년 6월)-28호(1918년 1월), 30호(1918년 3월)

다나카는 1910년대에 민속학적 방법에 기초해 채집자로서의 역할을 유지하면서 수집된 자료를 최소한의 형태로 수정하여 이를 잡지에 연재하였다. 그 후, 1920년대가 되어 아동 교육을 위한 동화의 중요성이 높아지면서, 설화를 동화로 재화하였는데, 본래의 내용을 2배 전후로 늘려서 개작하고 감정표현을 삽입하여, 식민지 아동들에게 천황제 근대국가에 어울리는 착한 어린이를 양성하기 위한 목적으로 재화되었다.

본고에서는 다나카의 행적을 추적하며 1917년 잡지 자료 등의 새롭게 발굴한 자료를 바탕으로, 다나카가 조선설화를 채집하여 동화로 재화하는 과정을 개괄했다. 선행연구에서는 다나카가 편찬했음을 인식하지 못하고, 텍스트에 의존한 연구가 지속되어 왔다. 이제 실질적인 편자가 밝혀진 만큼, 다나카의 설화, 동화론을 검토하고, 그 개작양상에 대한 세분화된 논의와 더불어, 후대에 미친 영향을 포함한 구체적인 검토가 요구된다.

참고문헌

권혁래(2003)「조선총독부의『朝鮮童話集』(1924)의 성격과 의의」『동화와 번역』5.
권혁래(2012)「『조선동화집』(1924)의 인물형상과 이데올로기」,『퇴계학논총』20.
김광식(2012)「조선총독부 편찬 일본어교과서『국어독본』의 조선설화 수록 과정 고찰」『연민학지』18.
김광식・이시준(2013)「다나카 우메키치와 조선총독부편『조선동화집(朝鮮童話集)』고찰」『일본어문학』61.
박미경(2009)「일본인의 조선민담 연구고찰」『일본학연구』28.
서동수(2008)「아동의 발견과 '식민지 국민'의 기획」『동화와 번역』16.
손동인(1990)「한국 전래동화사 연구」,『한국아동문학연구』창간호.
이시준・장경남・김광식 편(2012)『전설동화조사사항』제이앤씨.
이시준・김광식(2012)「1910년대 조선총독부 학무국 편집과가 실시한 조선 민간전승 조사 고찰 －1913년 보고집『전설동화 조사사항』을 중심으로」『일본문화연구』44집.
조희웅(1989)『설화학綱要』새문사.
金廣植(2010)「近代における朝鮮說話集の刊行とその研究―田中梅吉の研究を手がかりにして―」, 徐禎完,増尾伸一郎編『植民地朝鮮と帝國日本』勉誠出版.
金廣植(2013)「グリム研究家田中梅吉と朝鮮民間伝承調査―朝鮮總督府編『朝鮮童話集』及び『兒童繪本 小兒書篇』を中心に―」『昔話伝說研究』32, 昔話伝說研究會.
田中梅吉(1974)「城大予科の生誕前の昔がたり」『紺碧遙かに―京城帝國大學創立五十周年記念誌』京城帝國大學同窓會.
田中梅吉,金聲律譯(1929)『興夫伝 朝鮮說話文學』大阪屋号書店.
田中梅吉(1934)「併合直後時代に流布していた朝鮮小說の書目」『朝鮮之図書館』4卷3号, 朝鮮図書館研究會.
田中梅吉(1917)「童話の話 附朝鮮人教育所感」『朝鮮教育研究會雜誌』19.
崔仁鶴(1974)『朝鮮昔話百選』日本放送出版協會.

朝鮮民俗資料
第二編

朝鮮童話集

朝鮮童話集

目次

朝鮮童話集

一　水中の珠

むかし〳〵ある貧乏な家に、まだ年端のゆかない二人の兄弟がありました。早く兩親に死にわかれ、外には誰一人たよるものもなく、その上家が大そう貧しかつたものですから、毎日隣や近所の川に使はれたり、山の枯木などを集めたりしては、僅かばかりのお金を得て、今日も一日、明日も一日と、漸くその日を送つてゆきました。しかし貧乏でこそあれ、二人の心はまことに千萬金でも買へないほどの立派なものでした。正直で親切で兄弟互に仲のよいところは何に喩へたらよからうか荒野に咲いた香の高い美しい薔薇とでも謂ひたいほどでありました。

ある日、兄弟は近いところの村に用があつて家を出かけました。

『好い天氣ですね、兄さん。まあ、あの空を御覧なさい。何といふ美しい蒼さでせう。崑崙山といふ不思議な山の奥から出る貴い玉でも、あれほど美しくはないでせうね。』

と弟が言ひますと、兄はやさしい笑顔を弟に向けて申しました。

『しかしこの美しさでも、お前の心の美しいのには敵はないさ。』

『いゝえ、それは兄さんのお心のことです。私なぞはさういふ心になりたいと思つても、なか〳〵なれないんです。』

『まあ、その事はお前のことでも兄さんのことでも可いさ。お互に心を美しくして仲よくすれば、それで結構ぢやないか。』

『えゝ、さうです、さうです。』

と弟はにつこり笑つて、兄と一しよに道を急ぎました。すると二人は一つの川のほとりに來ました。二人は互に手を執りあひ助けあつて川を渉りました。二人が川の中ほどまで來ますと、水の底に何やら綺麗な色のもののゆらゆらとしてゐるのが兄弟の眼にとまりました。不審に思つて兄がそれを取り上げてみると、世にも珍しい立派な珠でした。そこで兄が弟に言ひました。

『なんと珍しい珠ぢやないか。それ、〳〵、御覽、かうやつて見ると、まるで五色の雲がかゝつてゐるやうで、それからかうやつて見ると、珠の奥底から何だか水でも滴れさうな蒼い色に見ゐるぢやないか。』

弟も物珍しさうに眼を光らせながら、一心にその珠に目を注いで、

『ほんたうにね。まるで水でも滴れさうですね。とにかく珍しい珠を拾つてよかつたこと。兄さん、大事に藏つて置きなさいよ。』

『いやこれは兄さん一人が拾つたのぢやない。二人で拾つたのだ。だから二人で大切にして藏つて置かう。』

3 ——

と兄は言つて、その珠を一つの箱の中に納めておきました。

幾日かたつて、ある日兄がその箱を開けてみました。すると不思議にも箱の中の珠の周りには、金銀寶貨が一杯にはいつてゐました。これを見て、兄は少なからず愕き且つ喜んで、その金銀寶貨を取り出し、蓋をして置いてから、このことを弟に話しました。弟も不思議に思つて、今一度箱の蓋をあけて見ました。するとこれは何うしたわけか、今度もまた金銀寶貨が一杯に詰つてゐました。これはいよ〳〵不思議であると思つて、中の金銀寶貨を取り出して蓋をしてから、今一度蓋をあけて見ると、やはり金銀寶貨が一杯になつてゐます。かうして何度中のお金を取り出しても、いつも金銀寶貨は後から後からと一杯になつてゐます。つまりこの珠は錢生珠といふ貴い寶の珠なのでありました。兄弟はこのやうな寶の珠を拾つたお蔭で、忽ちのうちに大した金滿家となりました。

兄も弟も有りあまるほどのお金が家に出來たので、銘々に自分の家邸を搆へて、別々に住むことゝなりました。お金はいくらでもありますから、これを兄弟二人の間に程よく分けましたが、お金のもとになる珠は一つしかありませんから、それを兄弟の間に分けるわけにゆきません。そこで兄が弟に言ひました。

『さてかうやつてお前と私は家が別々になつたけれど、心はお互に離れずに、これまでのやうに仲よくしてゆかうね。』

弟は兄にかう言はれて、却つて怨めしさうな顔付になつて、

『兄さん、何をいふのです。いくら私が愚でも、兄さんと仲を悪くするやうなことがあつて宜いものですか。』

と答へたので、兄はその言葉を聴いて、いかにも安心したやうにかう言ひました。

『これはつまらない事を言つた。濟まなかつたね。ところで、こゝに一つまだ分配してないものがあるのだ。外でもない、この大切な珠だが、自分はも

うこれだけの金持になれば別に珠は要らないから、お前それを持つておいで。』

するご弟は驚いて、

『兄さん、それはいけません。兄さんがその珠を拾つたのでせう。それでなくつても、兄弟二人のものなら、それを兄さんが持つてゐるのが當前のこごぢやありませんか。』

『それはさうかも知れないが、お前がこれまで柔順であつた御褒美にそれを上げるのですから、この珠は取つて置きなさい。』

『いゝえ、それなら、兄さんが私を可愛がつて下すつたその優しいお心に對して、この珠を差上げます。』

『いやいや、そんな事言はずに、お前それを取つて置きなさい。』

『兄さんこそ納めて置けばよいのです。私が取るのは道に背きますもの。』

『私だつて取るわけにはゆかない。』

正直者の二人はどちらも珠を受取らうとしません。それなら何うしようかと二人は考へた末「これがあるために兄弟の間に爭でも起るやうなことがあつてはならない、たとひどんな貴い珠でも兄弟の仲には換へられない」と、終にこの珠を川の中のもと在つた場所に置いてくることにしました。

かう相談がきまると、兄と弟は早速に珠を携へて川へゆき、もと珠を見つけた場所にそれを置かうとしました。ところが二人は愕きました。川の中には今置いてゆかうとした珠と同じやうな珠が、まるで二人の來るのを待つてゐるたやうに、水の中から美しい光を放つてゐるではありませんか。兄弟はその珠を拾ひ上げました。兄弟は一つの珠を棄てようとして二つの珠を得たのであります。この珠もやはり錢生珠なのでありましたから、二人はそれぞれ一個づつ分けて持つことが出來るやうになりました。これより後、兄弟の家はます〳〵富み榮ゑて裕福な身となりましたが、村の人は「これこそいふのも兄弟互に仲が好かつた天の酬であらう」といつて、益ゝこの二人を敬ふやうになりました。

二　猿の裁判

誰が落したのか路の上に一片の肉が落ちてゐました。そこへ向ふから犬がやつて來ました。こつちから狐もやつて來ました。兩方は顔見合せて「や、今日は」とお互に挨拶をしようとしたが、ふと前の方を見ると、路の上にうまさうな肉が落ちてゐるのに目がとまりました。ところがこの犬も狐も慾の深い奴だつたものだから、路の上の御馳走を見ると、お互に挨拶するのも忘れて了つて、われ勝にそれを自分のものにしようとしました。そこで、まづ犬が

「俺の肉だ。」

と大きな聲を出しました。すると狐の方も默つてはゐません。

『いや、俺のものだ。』

こ叫びました。

『いや、俺が先に見つけたのだから俺のものだ。』

『いや、お前より俺の方が早かつた。』

こ、犬こ狐は口論を始めました。しかしいくら言ひ爭つてみても、兩方が同時に見つけたのだから、ごちらにも道理があつて議論の果てしが着かない。そこで狐は言ひ出しました。

『かうやつて二人で喧嘩してゐても限りがないから、ごちらの言ふところが正しいか、一つ誰かに裁判をしてもらはうぢやないか。ごうだ犬公。』

『宜いごも、狐公がその氣なら。』

『しかし誰に裁判してもらふのだ。犬公、誰かこの裁判の出來るやうな悧巧なものを知らないか。』

『奥山の猿公はごうだ。あいつはなか〱賢いぞ。』

『猿公か、彼奴は少し狡いけれども、外に適當な者がなければ猿公に頼まう。』

と犬も承知したので、狐と犬は一しよに猿のところへ行くことになりました。

犬と狐はうち伴れて猿のところへ行きますと、その前で兩方はまた議論を始めました。銘々に勝手なことを言つて、自分の方の味方になつて貰はうとしました。すると猿はいかにも狡さうな猿眼をきよろ〳〵させ、赭い顏の額の上に皺をよせて兩方の話を聽いてゐましたが、話を聽き了ると、につと白い齒をむきだし、いかにも勿體ぶつた樣子をして、

『あゝ解りました。解りましたよ。そんな譯なら、何もその樣に喧嘩をすることはないさ。俺がよい樣に裁判をしてやらう。先づ此の肉をかう半分に裂いてな、其の半分づつをお前さん達が分ければよいのだ。然しお前さん達が裂くと又喧嘩になるから、喧嘩にならないやうに、この俺が裂いて分けてやらう。』

と言つて、猿は肉を手に取つて、それを半分に裂いて了ひました。ところが肉

は丁度半分には裂かれてゐませんで、大きいのと小さいのが出來ました。これは猿の初からの巧計なのでした。大きいのと小さいのと肉が二片になつたのを見た猿はかう言ひました。

『ね、犬さんと狐さん、御覽よ。この通り大きいのと小さいのとが出來ちやつた。これではいけないや。大きいのや小さいのがあつてはね。だから兩方を同じやうにしてやらうね。』

猿は再び大きい方の肉を手に取つて、これを引き裂きました。そして、二つに裂いた肉の一つは「餘り物だから」と言つて、手速く自分の口の中に入れて了ひました。

さてあとに殘つた二つの肉は、二つとも丁度同じ大きさであつたでせうか。いやいや、これもやはり二つが不揃ひで、大きいのと小さいのが出來ました。すると何うでせう。猿は大小二つの肉片をば犬と狐の前に突き出し、又もにこつと笑つて言ひました。

『これでもまだ大小が揃はない。もう一遍大きい方を裂いて見よう。』猿はまた大きい肉を裂きました。そして二つになつた肉の一つをばまた自分の口に入れて了ひました。ところがその後に殘つた肉も、やはり二つとも揃つてゐませんでした。すると猿はまた同じ理窟を付けて肉を裂き、そして片方の殘りの肉を食べました。一片また一片。猿が物を言つて猿が手を動かす度に、肉はだん〳〵小さくなつて、終に肉の塊は殘らず猿の口に收められた時、猿はすつと立つて遁げ去つて了ひました。

こゝに至つて、犬と狐は始めて夢から醒めたように氣がついて、自分達を欺した猿のごとを怒つてみたが、いくら怒つたところで肉が出てくるわけもなし、今更馬鹿な目に遭つたといふことを覺りました。そこで犬は狐に向つて言ひました。

『ね、狐さん。猿の奴めひどい事をしやがつたな。しかし考へてみると、俺達も悪いんだよ。初からあんなに喧嘩などせずに、お前さんと二人で仲よく分ければよかつたのだ。ね、さうぢやないか。』

これをきいて狐も深い溜息をついて、

『本當にさうだつた。あまり慾を深くして、自分一人で取らうとしたものだから、却つて損をした。あゝ詰らない事をしたなあ。』

と言つて、悄々として自分の穴へ歸つてゆきました。

三 瘤とられ・瘤もらひ

鬼から瘤をとられた男と瘤をつけられた男の話といへば、皆さんはすぐに「うん、あの話か」と想ひだされるでせう。だからこゝでは、鬼でない外のものから瘤をとられた話をしませう。

これもむかし〳〵の事ですが、あるところに一人の男がありました。この男は頰に一つの大きな瘤を持つてゐました。何しろ大きな瘤が顎のところで年中ぶら〳〵垂れてゐるのですから、そのうるさい事はひと通りではありません。人前に出ても始終愧かしい思をせねばならないので、男はいつもそればかりを氣にして、「あゝ何とかしてこの瘤を取り除く工夫はないものか」と思ひながら、永い歲月を過してきました。

ある時のこと男は旅に出ました。路が田舍の山道にかゝつたので、なかなか人里に出られず、そのうちに日が暮れ(一)てしまひました。かうなつてはもう仕方がないので、男は路傍に立つてゐる長丞の下に臥て一夜を明すことにしました。何しろ人家のない淋しい野原の暗闇の中に臥るのですから、男は何となしに氣味がわるくて、いくら眠らうとしても眠られません。「あゝ淋しくつて、何だか氣味がわるいな」と思へば思ふほど、あたりはしん〳〵と靜まりかへつて、そこへらにある草木や石塊までもたゞのものではないやうな氣がしてきたり、今にもふら〳〵と動き出すやうにも見えて、恐しくて仕樣がないので、ぢつと目を閉ぢて何も見まいとしました。

夜はだん〳〵更けてくる、一切萬物が死んだやうに鳴を鎭めてくる。その時不意に暗の中にウルウルといふ聲がきこえました。暗の中の不思議な聲にびつくりして、男は思はず目を開けると、暗い中を何やら黑い柱の樣なものが跳ね廻りながら、ウルウルと唸つてゐます。男は益〻愕いて、一體何物であらうと思つて、よく〳〵見ると、これはまた意外なことで、自分の後に立つてゐた長丞が動き出して、あの通り唸りながら跳ね廻つてゐるのでありました。長丞は幾度かそこへらを跳ね廻つた後、大そう疲れた樣子で、もと立つてゐたところに戻つてきて、息を切らしながら苦しげに呼吸をしてゐましたが、やがてまた悲しげな妙な聲を出して駈け出さうとしました。これを見ると、男は何となく長丞を氣の毒に思つて、長丞の代りにウルウルと聲をかけながら駈け廻つてやりました。さうして往復幾度かしてから、もとの位地に歸つて寢ました。とろ〳〵と眠つたと思ふと、夢の中にさきの長丞が現れてきて言ふ

ことには、

『さきほどは私の代りになつて苦しい役目をしてくれて、眞に有りがたい。何かお禮をしようと思つたが何も無いから、その代りにお前の瘤を取り除いてやらう。』

明くる朝目が覺めると、男は昨夜の夢を想ひ出したので、まさかそんな事はあるまいと思ひながら、頬のところへそつと手をあててみると、不思議、不思議、昨夜まで大きな塊になつてぶら下つてゐたあの瘤が、どこへ行つたやら、いくら顔中をなでてみても、影も形もない。 瘤のあつたところはつる〳〵として、まるで生れつき瘤の無かつた人と少しの變りもないやうになりました。 これを知つた男の喜びは非常なもので、早速に自分の村に飛んで歸り、そこへら中にこの事を話して歩きました。

さてこの村に生れつき慾深の瘤を持つたいま一人の男がありました。 何でも人がうまい事をした話を聞くと、すぐ自分もその眞似をして一つ得を取つてやらうといふ考を起す男でしたから、すぐ次の朝には早くから村を立つて、長丞のあるところへ出かけました。行つてみると、なるほど路傍に長丞が立つてゐました。そこで男は長丞の下のところに腰を卸して日が暮れ夜の更けるのを待ちました。

夜中になると、果して長丞はウルウルの聲を發しつゝ跳ね出しました。男は「占めた」と思つて、よい頃を見はからつて、ウルウルといふ聲の後にタクタクと聲をかけながら、一生懸命にあちらこちら驅け廻つてから、また長丞の下へ歸つて寢みました。すると男はやはり夢を見ました。夢の中には長丞が現れて來ました。しかし長丞は御禮に瘤を取つてやらうとは言つてくれないで、

『お前はよくもタクタクなどといふ餘計な掛聲をしたな。そのために自分は非常に苦しい思をした。その怨を晴らすためにはお前の苦勞も殖してやる。』

ミ言ひました。この言葉を聽くミ男はがつかりして、そのまゝ眠入つてしまひました。

明くる朝男は目を覺して、そつミ顏のミころに手をあててみるミ、顏の瘤は元の通りついてゐてミれてゐません。「おや〳〵、やつぱり瘤がある」ミ思つて男は非常にがつかりしました。それぱかりではない、何うやら片方の頰も俄かに重くなつてきたやうに感じたので、その方へ手をあててみるミ、これは大變、そこにもまた今一つの瘤が出來てゐたミのこミであります。

(一)長丞　丈餘の木の頭に人面を刻し里數を記して路傍に立てた里程表

四　酒きらひの兎と龜と蟾

ある野原で兎ミ龜ミ蟾が相談會を開きました。

三四のものが集まつてみるこ、どれも〳〵高慢な生れつきなので、われ勝ちに上席に坐らうこしました。まづ兎がいふことには、

『駈けることでは私が一番速い。だから私が一番上に坐るはずだ。』

こ。するこ龜がいふには、

『兎さんがそんなに速いのなら、なぜ昔お前さんの先祖は私の先祖こ競爭をして負けたのです。勝つた方の者の子孫である私が上席に坐るのは當前さ。』

こ。するこ蟾がいふには、

『龜さん、お前だつて餘りさう威張れやしないよ。見たまへ、陸の上だつて水の中だつて、龜さんなんか私の半分も速く行けないぢやないか。やつぱり私が一番偉いよ。偉いものが一番上に坐るのは昔から定つたことぢやないか。』

なごこ銘々に自分に都合のよい勝手なことを言つて、いつまでも議論のはて

がありません。そこで兎が言ひました。

『かうやつていくら議論しても、銘々の言ふことには誰のにも道理があるんだから、たとひ日が暮れるまで喋つても限りがないよ。だから皆さんどうです。一つ自分の品行の良かつた話をして、その中で一番品行の良かつた話をしたものに、上席を譲ることしては。』

『それが可い、それが可い。』

と亀も蟾も兎の言ふことに賛成しました。そこで兎はまつ先に喋りだしました。

『世の中で何が一番に人の品行を亂させるかといふと、酒ほど甚だしいものはないね。』

『尤だよ。』

『その通り、その通り。』

と他の二匹も言ひました。これを聞くと兎は大いに得意になつて、

『その人のためにならない酒ですね。そいつをこの兎は大嫌なのだ。いやもう嫌で嫌で、酒屋の近くにさへ寄りつけないのだ。なんこ品行のよい兎ではないか。これなら上席に坐る値うちがあるだらう。』

こ兎は大いに偉さうな風をして、長い耳を左右にぶる〳〵こ振りました。兎の自慢話が終るこ、龜はいかにも待ちきれなかつたこいふ風に、早速喋りだしました。

『失禮ながら兎さんなぞはまだ〳〵愼み方が足らないこ思ひます。自分のここを賞めるのではないが、この龜なぞは酒屋の近くへ行けない位の話ぢやない。酒の原料になる小麥畑の側すら通れないほご酒嫌です。これほごの酒嫌が世の中にありませうか。無論ありますまい。だから上席はもうこの龜に讓つて坐らせなさい。』

こ、龜は短い首をぴんこ伸してあたりを見廻しました。

するこ今まで默つて兎こ龜の話を聽いてゐた蟾は、俄に「うん」こ唸つて倒れてしまひました。これを見た兎と龜は喫驚して、蟻を抱き起し、いろ〳〵と手當をしたところが、蟻は再び息氣を吹きかへました。で兎と龜は「なぜこのやうに倒れたのか」と蟻にたづねましたら、蟻はかう答へました。

「私は麥畑へ行けないごころぢやない、あなた方の話をきいてさへ、この通り氣持が惡くなつて倒れるのです。」

この言葉にはさすがの兎も龜も閉口して、とう〳〵蟻が一番酒嫌といふことになり、蟻を上席に坐らせることにしました。

五 寒中の覆盆子

むかしある惡い郡守がありました。郡守はいつも下の役人や人民に無理(一)な命令をして、それらの人々を苦しめました。これもある日のこと、郡守は座首に向つて覆盆子を摘んでこいと命じました。しかしその時は丁度冬の寒い最中でしたから、もとより覆盆子などのあるはずもありません。

座首は恐しい郡守の命令ですから、「何うにかして覆盆子を持つてゆかなければならない」と一心になつて考へましたけれど、どうしてこの寒中に覆盆子が見つかりませう。座首は心配の餘り大變に悄れて、御飯も食べずに臥て居りました。それを見たのが今年十歳になる此の家の子供でありました。生れつき至つて敏い兒でありましたから、父の憂顔を見ると、これは父に何か心配事があるに違ないと思つて「なぜそのやうに考へ込んでゐなさるか」と父に尋ねました。父親の座首も仕方なしにその譯を子供に打明けました。すると、この事を聞いた子供は何でもないやうな平氣な顔付をして、

『なんだ、心配といふのはそんな事ですか。それなら別に御心配には及びません。』

と言ふので、子供の意外な言葉に父親は愕いて、

『心配するなといつて、お前には覆盆子を見つける心當りがあるのか。』

『いや何でも宜しいです。私がお父さんの代りに郡守のところへ行きますから、安心していらつしやい。』

『安心しろといつたつて、お前の樣な子供にこの重大な使を委せて置くわけにはゆかない。』

『いや大丈夫ですよ。決して心配せずと安心していらつしやい。』

と落付いて言ふものですから、父親も物は試しと思つて、この使は子供に委せることにしました。

子供は明くる朝早く郡守の邸に行き、昨日の座首の息子だといつて、郡守に面會を求めました。郡守は今時分あの座首の兒が何しにきたかと不審に思つて、自分の前に伴れて來させると、子供は先づ丁寧に郡守に一禮してから、さて郡守に申上げました。

『私のお父さんは昨日覆盆子をつみに行きました。』

『うんさうか、感心な奴だ。どうだ覆盆子を澤山つんできたか。』

『ところが悲しいことには、毒蛇に噛まれまして、今生きるか死ぬかの境に居るので御座います。』

これを聞いた郡守は非常に怒り出し、子供を睨みながら怒鳴りつけました。

『これ／＼何をいふ。小兒の癖にこの郡守を馬鹿にするか。こんな寒い時節に、どこの國に毒蛇がゐるかつ……無禮な奴。』

すると、子供はそんな威勢には少しも恐れぬかのやうに、平然として郡守をじつと見つめてから、

『それならこの寒い日に、覆盆子がどこの國にありますか。』

ときつぱり言ひ返しました。この一言は郡守を深く感動させました。郡守は心から自分の我まゝな行を愧ぢました。そしてその後は、全く別人のようになつたとのことであります。

(一) 座首　郡の輔佐機關たる郷所の首職

六　黑い玉と黃い玉

むかしある處に二人の兄弟がありました。兄は非常な金持でありましたが、慾の深いこごも亦人なみ外れてゐました。弟の方は至つて貧乏でしたが心正しく亦情深い人でありました。さてある日、弟は食べる米が無くなつた、ので、兄のこころへ行つて米を貸して貰はうこしました。するこ慾深の兄は一言の下に弟の賴を彈ねつけて、

『貴樣にやる米があるものか。欲しけりや他家で借りて來い。』

こ言つて、殘酷にも弟を家から突き出してしまひました。

弟はたよりに思ふ兄に見捨てられて、今更誰に米を借りようこいふ宛もなく、一人悄々こ家に戻つて來ますこ、ふご途に一本の粟の穗が落ちてゐるのに

眼がさまりました。「これは勿體ないことだ」と弟は其の一本を拾ひ上げ、家に持ち歸つて、それを搗いて一つの餅を作りました。

空つ腹のところに餅が出來たのですから、唯一口にも喰べようかとしましたが、「待て待て。喰べてしまへばもうそれつきりで無くなるのだ。若し之れを賣つて、その金で粟を買へば、その粟は前の粟の何十倍にもなる」と考へて、弟は空つ腹を擁へながら町の方へ粟餅を賣りに出かけました。

弟は「あゝ腹が空いた。あゝ腹が空いた」と獨語を言ひながら、町の方へ歩いて行きますと、不意に路傍から弟を呼びかける者がありました。

『もし〳〵、何うかこの年寄をお助け下さい。妾はお腹が空いて死にさうです。』

見れば一人のお婆さんが蒼い顏をして路傍に倒れてゐます。この哀れなお婆さんを見ると、弟は大變可哀さうに思つて、最早自分の腹の空いてゐるのも忘れたやうに、

『これは氣の毒な。私も腹が空いてゐるが、私はまあごうにか我慢が出來る。お婆さんはさぞ饑じいでせう。まあこれでもお上んなさい。』

こ言つて、快くその餅を遣つてしまひました。

これを貰つたお婆さんは嬉し涙に咽びながら、いかにもうまさうにその餅を喰べました。喰べ了るこ、お婆さんは弟に向つて申しました。

『さてもさても貴方は御親切なお方だ。その御親切の御禮には妾が好い事を教へて上げます。あちらを御覽なさい。高い山があるでせう。あの山の谷間へお出でなさい。そこにはある一つの大きな石があるが、其上に二つの玉があります。一つは黑い玉で一つは黄いが、その中の黑い方を持つてお歸りなさい。きつこ好い事がありますから。』

お婆さんに言はれた通り、弟は山の谷間に行つて見ますこ、果して大きな石の上に、黑い玉こ黄い玉が二つ列んでありました。弟はお婆さんに言はれた通り、黄い玉を殘して、黑い方を採つて家に歸りました。するこ不思議にも黑い玉からはいくらでも牛が生れてまゐります。牛が一頭二頭三頭と、いくらでも出てきます。いや百頭でも千頭でも、望み次第に出てくるので、弟は忽にして大した大福長者となりました。

この話を人から聞いた兄は、弟が困つてゐる時は決して訪ねたことがなかつたが、今はもうじつとしてゐられず、早速に弟のところへ出掛けて行つて、何うしてそのような金持になつたかと尋ねました。慾も悪氣もない弟は少しも隠すことなく、正直に有りのまゝを兄に打明けました。

話を聽き了ると、兄は直ぐさまに弟の家を飛び出して、自分の家に息氣を切らして駈けこみました。兄のお上さんは何事が起つたかと愕いて出迎へると、兄は、

『これ〳〵、なぜ速く拵へないか。』

と怒鳴りました。お上さんは何の事やら少しも解らず、

『拵へるつて一體何を拵へるのです。』

『何つてあれの事だ。』

『あれつて何です。』

『何つて……うんさうかさうか。あんまり急いだので品物の名を言はなかつたから、解らないのも無理はない。それア粟餅を拵へるんだ。』

『粟餅……粟餅をどうします。』

『どうでも宜い。大金儲があるのだから、速く拵へろ。』

『大金儲……それはうまい。待つて下さい、今大急で拵へますから。』

と亭主に負けない慾深のお上さんですから、大急で粟餅を拵へました。兄はその餅を持つて、すぐさま町を指して出かけました。道々歩きながらも、あのお婆さんが出てくれればいゝなと、あたりをきよろ／＼見廻しながら行くと果して弟の言葉に違はず、路傍からお婆さんが現れて、食物をくれいと言ひました。「來たな」と思つて、兄はお婆さんに餅をやりますと、お婆さんは弟の話の通り、山の奥の二つの玉のあるところを敎へてくれました。すると兄は、お婆さんの言葉の終るか終らぬ先にその場を駈け出して、山の谷間へこ入つて行きました。入つて見るこ、これも弟の言つた通り、黑い玉こ黄い玉がありました。これを見るこ兄は考へました。「黑い玉からは牛が出たこするこ、黃い玉からは黃金でも出るかも知れないぞ。弟は馬鹿な奴だ。なぜ兩方を持つて行かないんだらう。お婆さんの言葉なんかごうでもいゝ。何でも一つよりは二つの方が得だ」こ勝手な理窟を附け、二つの玉を持つて家に歸りました。

兄は自分の歸るのを待ちかねてるたお上さんこ二人で、樂しさうに二つの玉を前に置いてから、

『黑い方からは牛が出るに定つてるるから、今一つの黃い方から何か寶を出して貰はうかな。』

こ言ひ終つたかこ思ふこ、忽ち黃い玉から幾十百匹こも數知れぬ大虎が現れて來ました。そして夫婦のものがあつこいふ間もなく、忽ちその體は八裂にされてしまひました。

七 狡い兎

狡い兎、惡むべき兎。それが終にどんな運命に終りましたらう。そのことを知りたいものは次の話を讀んで下さい。

ある日、虎のお爺さんが瓢簞に七丁ほどの豆腐を入れ、それを挽ねて戸外に出かけました。虎のお爺さんは甑が入用なので、どこかへ行つて、豆腐と甑をやりかへて來ようと思つて出かけたのでありました。そこへ向ふから兎が取つてきました。ところが虎のお爺さんは至つてお人好しで、兎の方はまたこの上もない惡い奴でありました。兎は平生から虎のお爺さんの人の好いことを知つてゐるものですから、こゝで虎に出あつたのを幸ひに、何か一つうまい事をしてやらうと考へ、まづ丁寧に禮をしてから虎に話をしかけました。

『虎さん何をしに御出ですか。』

『私かね。私はこの豆腐を持つて行つて、誰かのところで鈍と取り換へて貰はうと思ふんだ。』

『さうですか。で一體豆腐は何丁あるのですか。』

『七丁さ。』

『七丁。まあ澤山な豆腐だこと。どれ見せて下さい。一丁、二丁、三丁、四丁、五丁、六丁、七丁。なるほど七丁ある。しかし虎さん、七丁なんてそんなに澤山出さなくつても、鈍となら取り換へられますよ。ね虎さん、お願ひだから一丁私に御馳走して下さいな。』

『欲しけりや一丁位やるよ。』

と、お人好しの虎は兎の言ふなりに一丁を分けてやりました。貰つた兎は手に取るが早いか、忽ちべろりと一口に喰べてしまひました。喰べてしまふと兎はまた言ひました。

『虎さん、あんまり旨かつたから、今一丁御馳走してくれませんか。』

虎は兎の言ふなりに「あい〳〵」と言つて、また一丁兎に遣りました。兎はそれも一口に喰べてから、舌を出して鼻のあたりをぺろ〳〵嘗め廻してゐたが、終に又言ひました。

『虎さん。この豆腐は本當に旨いのね。私も金があれば、直ぐに買ひに行つて、今一丁喰べるんだが、生憎金はなし。あゝ困つたな。』

と、いかにも喰べたさうな樣子をするので、少しも惡氣のない虎は氣の毒に思つて、

『そんなに喰べたいなら、今一丁喰べてもいゝよ。』

と又一丁兎に喰べさせました。するど喰意地の張つてゐてその上狡い兎は又それでも滿足せず、暫くもじ〳〵してゐたが今度もまた虎に言ひました。

『虎さん。どうせ三丁も喰べられれば、最う何丁喰べられても同じでせう。何れお金が出來れば倍にして返しますから、もう少し喰べさせてくれませ

んか。』

こ、だん〳〵勝手なことを言ひだしました。しかしどこまでも人の好い虎はそんな無遠慮なことを言はれても、少しも腹を立てませんでした。するとまた兎の方では虎が怒らないのを好いことにして、何んとかかんとか言つては豆腐を喰べ、終には一丁だけ殘して皆平けてしまふと、もう虎には用はないといふ顔付をして、「左樣なら」と一言いつたきり、別にお禮の言葉も述べず、さつさと行つてしまひました。

堪忍深い虎はこんなにされても別に不平も言はず、殘りの一丁を持つてあるところへ行き、幸ひに一つの小瓶と取換へて貰ひました。虎がその小瓶を換へて歸つて來ますと、また先の兎がやつてきて、

『おや虎さん、それは何。』

『これか。これは先の剩りの一丁の豆腐で取換へて來た瓶さ。』

『なるほどこれは瓶だ。一寸借してごらん。おやい ゝ 音がする。』

『これこれ兎さん、その樣に無暗に敲いてはいけないよ。この瓶は壞れ易いから。』

『大丈夫ですよ。あゝ好い音だ。』

『敲いてはいけないと言ふのに。あまり言ふことを聽かないと酷いよ。』

と言ひ終らぬ先に、瓶は兎があまり敲いた爲めに、忽ち壞れてしまひました。これを見るとさすがの虎もとう〳〵怒り出して、兎を一攫みにしようとしましたが、もとより惡るざとい兎のことですから、虎に攫まれぬ先に、素速く逃げ出しました。

今度といふ今度はさすがの虎も本當に怒りだしたので、兎もこれは危いと思つて、一生懸命に逃げ出しました。しかし生れつき惡智慧のある兎のことですから、逃げて行くうちにも、何とかうまく虎を欺す工夫はないかと考へた末、終に一つの計略を考へ出しました。そこで兎はある河岸まで來ると、急にその尻尾を水に浸て、じつとして虎を待つてゐました。虎が河岸まで來てみると、兎は少しも逃げる樣子がなく、平氣な顔をして尻尾を水に浸してゐるので、不審に思つて「何故そんなことをしてゐるか」と兎に尋ねました。 すると兎は頗る落着き拂つた風をして、

『かうやつてゐれば、尻尾に魚が澤山つくからです。 虎さんも一つ試して見ては何うですか。 魚なんか欲しいのなら、いくらでも釣れますよ。』

と、いかにも尤もらしく言ふので、もとより魚が大好物で又人の好い虎のことですから、つひ兎の言葉に釣られて、その長い尻尾を水に浸してみました。

『さうさう、それで可いのです。 そのやうにして暫く辛抱してゐらつしやると、いまに尻尾が重くなります。 重くなつたら魚が掛つたのですから、尻尾を引き上げなさい。 私は側に番をしてよく見てゐて上げます。』

と言つて自分はそつと水から尾を上げて置きました。 丁度その時は冬でありました。 しかし正直な虎は寒いところを辛抱して、水に尻尾を垂らしてゐるましたから堪りません、忽ち虎の尾は水に凍り着いて、拔かうと思つても拔け

ません。どこまでも性質の善くない兎は、虎の動けなくなつたのを見るど、今度はその體に火をつけて燒き殺しました。虎を燒き殺した上にも、猶その肉を喰べてやらうどいふ考を起し、近くにある宿屋から庖丁を借りてきて、其の肉を切つて、思ふ存分に喰べました。

このやうにして、兎は惡いどいふ惡いことを爲たいだけしてから、庖丁を貸してくれた宿屋へは、御禮だと言つて自分の齒糞だけを出しました。これには宿屋の主人も非常に腹を立て、兎を目がけて庖丁を投げつけました。兎は愕いて、そこを逃け出しましたが、丁度近くには兎網が張つてあつたため、それに引つかゝつてしまひました。兎は一生懸命に網から逃けようどしたが、どうしても逃けられないので弱つてるどころへ、折よく蛆蠅が澤山飛んで來ました。惡智慧のある兎のことですから、また〳〵一つの計略を思ひつき、蠅に賴んで、自分の顏に蠅の卵を澤山生みつけさせ、自分は死んだ風をしてるました。そこへ兎網を張つた人が巡つてきました。網を張つた人は兎が死んでその顔に蛆が湧いてゐるのを見て、兎には手もつけず打ち捨てておきました。兎は「占めた」と思つて長い時間をかけて網を食ひ破り、漸くのことでそこを逃げ出しました。

「やれ嬉しや。どう〳〵俺は助つた。俺は餘程運が好く生れてゐるんだな」とます〳〵惡心が増長して、この次はどんな惡戯をしたらよからうなどと、また別の惡事を考へてゐると、不意に堅い鋭いものにがつしりと頭や胴を締めつけられました。「これは一體どうしたのだらう」と兎が愕く間に、その體は忽ち空中に浮き上りました。兎は大きな鷲に掠はれたのでありました。これにはさすがの兎も愕きました。「この上は、鷲の鋭い嘴に突つつかれ、堅い爪にかゝつて引き裂かれるより外はない。大變なことになつてしまつた」と思つたが、最う間に合ひません。しかし固より狡猾い兎のことですから、何んとかして鷲から免れようと思案をしてゐるところへ、鷲が兎に向つてこんなことを尋ねました。

『兎公。お前は一體今どこへ行くところだつたのか。』

尋ねられて、兎は「よし來た、うまいぞ。こいつは一つ鳶を欺して逃げてやらにやならない」と思つて、いかにも勿體ぶつた重々しい言葉で、

『ああ鳶さん、お前さんは私が今どこへ行くところだつたかまだ知らないのか。知らなけりや聞かして上げよう。恐れ多くも私はいま玉皇上帝からの御召に依つて、そこへ行かうといふ大事なところなのだ。その樣な偉いこの體にお前が手を觸れたのだ。私を掠つて行くなら掠つて行くがいゝさ。その代り、上帝からの天罰はお前さんが引き受けるのだよ。』

と鳶を威しつけ、兎は「我れながら旨い事を言つたものだ」と、心の中では大いに得意だつたところまでは可かつたが、これを聞いた鳶の愕きは一通りでなく玉皇上帝の罰が當つては大變だと思ふと、知らず識らず兎を摑んでゐた爪が緩んだから堪らない。鳶の爪から離された兎の體は、高い高い大空からくるくる〳〵と回轉しながら、地面へ向けて眞倒さまに落ちました。落ちた兎は

今度も亦助かつたでせうか。いやいや、今度こいふ今度はこう〳〵天罰を受けて、その證は微塵に碎けて了ひました。

八　物いふ龜

むかし〳〵早く父に死別れた兄こ弟の二人のものがありました。兄こいふ人は無慈悲で慾ばりの男でありました。弟はまた兄こはまるで異つた柔和な性質の人でありました。自分は親から讓られた財產まで兄に取られてしまつた上に、母親から弟妹までの世話をさせられてゐるにもかゝはらず、兄のことを少しも恨みに思はず、また貧乏を苦にもせず、力の限り働いて、何うにかかうにかしてその日を送つていきました。

ある年の秋のことでした。弟はいつもの如く山の中に深く分け入つて、林の間で落葉を集めてゐました。家が貧しいので、食物も思ふやうに食べたこともなく、體は働かねばならないので、弟はいつも空腹を忍んで仕事をして居りました。今日はことさら腹が空いてゐたので、弟はもはや物を言ふのも、好きな歌を謠ふのもいやになつて、疲れた體を息めようと思つて、樹の根に腰を卸してゐました。あたりはしいんとして、立ち列んだ林の樹はまるで死んだやうに靜かでありました。するとこの時林の靜かな中にぽつりと何か物の落ちた音がして、その落ちたものはころ〱と弟の足もとに轉がつてきました。

弟は何が轉がつてきたのであらうかと、それを取り上げてみると、それは大きな榛の實でありました。「おおこれは大きな樹の實だ。家では皆の者が思ふやうに物も食べず、腹を空かしてゐるだらう。澁いかも知れないが、これをお母さんに持つて歸つてやらう」と考へて、

『まづこれをお母さんに。』

と獨語を言ひながら拾ひ上げると、どこか近くの木の蔭から、

『これはお母さんに。』

と微かな聲が聞えてきます。「おや不思議だ。一體何者が口を利いたのだらう」と、弟はあたりを見廻したが、あたりに人のゐる樣子もありません。たゞ林の樹が靜かに立つてゐるばかりでありました。「變だな、今の聲は自分の聞きあやまりかしら」と思つてゐるところへ、またほゝつりと音を立てて榛の實が落ちてきました。これを見ると、弟は「おや、また落ちてきた。よし今度のは弟に持つて行つてやらう」と考へて、

『これは弟に。』

と獨語を言ふと、また近いところから、

『これは弟に。』

と眞似る聲がします。「また聲がした」と思つて弟が拾つてゐると、そのあとから、またほゝつりと樹の實が落ちました。弟はそれをも拾ひ上げて、

『これは妹に。』

さ言へば、やはりその通り眞似る聲が聞ゑます。このやうにして、弟が樹の實を一つ拾ふさまた一つ落ちてくるので、妻や子供から最後には自分の分までも拾ひ集めましたが、それを拾ふ度に弟が獨語を言ふさ、いつもそれを眞似る聲がするのでありました。餘り不思議なので弟は聲のする方を搜してみるさ、どうも聲は木の葉の深く積んでゐる下の方からするらしいのでした。それではさ木の葉をかき分けてみるさ、果してその下から一匹の龜が現れました。「ははあ、この龜が喋つたのだな。世には珍しい龜もあつたものだ。どれ一つこの龜を持つて歸つて、村の人に見せてやらう」さ、その龜を取り上げ、懷に入れて山を下りていきました。

弟は山を下つて村に出るさ、大聲を立ててかう呼ばはりました。

『さあ皆さん、珍しいものを山から拾つてきましたよ。物を言ふ龜。人の言葉を眞似る龜。珍しい、珍しい龜。』

珍しいもの見たいのは人間の常だから、この聲をきくさ、村の者は忽ちわれも

われもと弟の周りに諸方から澤山集つてきました。そこで弟は懐から鼈を取り出して、まづ

『これはお母さんに。』

と言つてみました。すると鼈も、

『これはお母さんに。』

と眞似て喋つたので、見てゐた大勢の人たちは、思はず、

『いよう。』

といふ驚きの聲を發しました。次に弟は、

『これは弟に。』

と言つてみますと、鼈も同じく、

『これは弟に。』

と人の言葉を眞似るので、村の人はいよ〳〵面白がつて、手を拍ち聲を上げてはやし立てました。村の人が面白がるので、弟まで面白くなつてきて次ぎか

ら次ぎへといろ／＼な事を喋ると、龜も何うやら嬉しさうに弟の言ふ通りを眞似て喋り立てる、するとまた村の人は側からはやし立てるといふ騒ぎで、それは賑かなことでした。 そのうちに見てゐた大勢の人の中のある人は、珍しいものを見せてくれたといふので、その見物料としていくらかの金を弟にくれました。 すると外の者も亦お禮だといつて、同じく金をくれるものが出來たので、弟は龜のお蔭で思ひがけない金儲けをしました。

それから後、弟はこのやうに龜を見世物にしては澤山の金を儲け、終には少しも不自由なく、母や弟や妹や、子供を養つて安樂に暮せる身となりました。するとある日のこと、兄が息氣を切らして弟の家に駈け込んできました。

平生弟が困つてる時には決して見向いてもくれなかつた兄が、この通り息氣を切らして駈け込んできたのですから、兄思ひの弟は大いに愕いて

『兄さん何事が起つたのです。 子供でも病氣なのですか。』

と尋ねると、兄は手を振つて、

『さうぢやない。お前のこころには近頃大變うまい儲け口があるさうぢやないか。』

兄は人から、弟が鍋のお蔭で金を儲けたことを聞き込んだのでした。もとより慾心の深い兄のことですから、人の話を聞くと、すぐにその足で弟のところへ飛んできて、鍋を借りて、自分も一儲しようといふ腹なのでした。何のことかと思つたら、相變らず慾の深い兄の話に、弟はあきれてしまひ、

『何のことかと思つたらそんな事ですか。』

『そんな事ごころの話ぢやないよ。こんな大切なことはありやしない。だから俺にも一つその鍋を貸してくれないか。』

『この鍋をですか。困りますね。兄さんは亂暴に物を扱はれるから、鍋が可哀さうですよ。』

『亂暴にしたつていゝぢやないか。まさか鍋は死にやしないよ。さあお貸し。』

『死にやしないからつて、あれ兄さん、そのやうに酷く龜を摑んでは龜が可哀さうぢやありませんか。』

『可哀さうも何にもあるものか。ぐづ〳〵言はず貸すものだ。』

と、無慈悲な兄は無理やりに弟の手から龜を奪つて、駈けて行つてしまひました。

兄は弟から龜を奪つて戸外に出ると、すぐその足で人の集る市場のまん中へ行つて、大聲を上げて呼ばはりました。

『さあ〳〵珍しいものを御覽なさい。珍しいものを御覽なさい。天地開闢以來の不思議な龜。物を言ふ龜。人の言葉を眞似る龜。』

これを聞くと、市場の人は「それまたこの間から評判の物言ふ龜がきたのだらう」といつて、忽ちのうちに大勢の人が兄の周りに集つてきました。そこで兄は大勢のものに向つて、

『では今からこの龜に喋らせてお目にかけます。滞なく龜が喋れましたな

らその時はごうぞ充分の御褒美にあづかりたいもので御座います。』

さ、相變らず慾の深いこごを聲高らかに述べたててから、大そうに勿體ぶつて龜を懷から取り出し、まづ龜の頭を掌で撫でまはしながら、わざご優しそうな作り聲を出して、

『さあ龜さん、い丶子だからこの叔父さんの眞似をして喋るのですよ。い丶ですか、これはお母さんに。』

こ言つてみました。

つづいて龜も「これはお母さんに」こ言ふかこ思ひの外、龜は甲羅の中に首を引込めたま丶、まるで死龜の如くじつこしてゐて、少しも動きません。こても物を言ふごころではありません。兄は少し變に思つて、今一度丁寧に龜の首のこころへ口を寄せて、

『こーれーはお母ーさんに。』

こ言つてきかせました。しかし龜はまるで石塊か何かのやうにうん丶こもす丶

んとも言ひません。かうなると生れつき意地の悪い兄のことですから、忽ち腹を立ててしまひ、今度は少し手強く龜の背を叩いて、聲も段々荒々しくなつて言ひました。

『おい龜さん何故物を言はないんだ。さあ今度こそ言ふのだよ。言はなけりや酷い目にあはせるぞ。それよしか、こーれーはーお母ーさんーに。』

しかし龜の無言は前と同じでした。これを見ると、今までおとなしく待つてゐた多くの見物人の中には「なんだこの男はいゝ加減な嘘を言つて、自分達を待たせやがつた」と怒つてしまふ者もあつて、

『おい龜はどうしたのだ。何故早く物を言はせないんだ。』

『おい早く言はせないか。』

『こいつは贋の龜を持つてきたのだ。』

『嘘をいふ奴は酷い目にあはせてやれ。』

などゝ、いろ〳〵の事を言ふ者が出來ました。兄は大勢の人にそんなことを

言はれて、もう一生懸命で、額にはだら〳〵と汗を流しながら、

『はい唯今言はせてお目にかけますから、少しお待ち下さい。』

と見物人にあやまりながら、今度は龜の甲羅をば怒つた勢にまかせて、續け打ちに五つ六つ手酷く打つてから、

『これ、言はないとこの通り酷い目にあはせるぞ。いゝか、今度こそ言ふんだぞ。こ！れ－は－お母－さん－に－。』

と言つてきかせました。しかしそれでも、やはり龜には應へがありません。こゝに至つて兄が怒るよりも見物人の方が猶一層怒りだしてしまひ、「この嘘つき奴」と、忽ち大勢が兄を攫へて、擲るやら、蹴るやら、散々な目にあはせました。

兄は漸くのことで、人込みの中から遁け出して、人のゐないところまで來ました。自分の悪いことには少しも氣がつかない兄は、こんなに酷い目にあふのも皆龜の故だとして、可哀さうにも龜を攫んで力まかせに石に叩きつけて殺してしまひました。

さて弟は兄に龜を持つてゆかれた後、龜のことが心配になるのでそれを返して貰ふつもりで、兄のところへ訪ねていきました。すると何うでせう。兄は弟のものを勝手に持つて行つた上、無法にも殺しておきながら、却つて弟を怨んで、

『貴様はあの龜が喋るなどと嘘を言ひやがつて、酷い奴だ。』

と、弟を怒鳴りつけました。

そこで弟は「では龜を返して下さい」と言へば「あんなものは殺してしまつた」この兄の返事に、弟は且つは愕き且つは大層悲しく思ひ、せめては龜は葬るだけも葬つてやらうと、その死骸を捜しだし、自分の邸の内に丁寧に埋めてやりました。

すると不思議や、埋めたところの地の中から一本の芽がでました。芽は土を破つて地上に首を出すと、非常な勢で忽ちずん〳〵と伸びだしました。それは晝となく夜となく伸びに伸びて、どこまでいつても伸が止まりません。

一丈十丈幾十百丈と伸びた末は、雲を凌ぎ空を貫き、終にその先は天にもとゞき、天の寶庫でも衝き破つたのでせう。忽ち天の方から何やらじやりんじやりん、と賑かな音がしたと思つたら、數知れぬ金銀貨が樹の幹を傳つて落ちてきました。じやりん／＼と日の光に照り耀きつゝ、光の瀧のやうに流れ落ちてきました。弟の眼の前には忽ち金銀貨の丘が築かれました。そこで弟は朝鮮一の大金持となることが出來ました。

兄はまたこの事を聞き込みました。すると今度もまた兄はじつとしてはゐられません。早速に弟のところへ行つて、その大きな樹の一枝を貰ひうけてきて、庭に挿してみました。すると忽ちその枝に根がつき、枝はずん／＼伸びだしました。兄はこの樣を見ると大悦で、日も夜も樹の側を離れず番をしてゐました。樹は益々伸びて、空の雲まで突きぬいて猶伸びていくやうでありましたから、兄は愈々悦んで、今に金銀貨が降つてくるかと夜も寢ずに番をして待つてゐました。すると遙かに高い空から何やら音がしてきました。「それ降つて來るぞ」と、今度は家中の者まで殘らず呼びだして、金銀貨がくるのを今か今かと天を仰いで待つてゐると、成るほどそこへ降つてきたものが有りました。降つてきたものは金銀貨とは全く異つたものでした。臭い黄い穢いものがじよぼ〱と斡を傳つて流れ落ちてきました。

「いやーー大變だ。」

と兄は喫驚して、大聲を上げながら遁け出しました。しかしこのいやなものは流れて流れて止まりません。「大變だ、大變だ」と妻や子供や奉公人までも喚き叫んでゐるうちに、兄の家の立派な建物は見る間にその穢いものの底に埋つてしまひました。

こゝに至つて初めて兄は自分が天罰をうけたことを覺りました。しかし今は、何一つ持つてゐるものもないところの哀れな身分となつたので、最早どうすることも出來ず、妻子をつれて弟のところへ行き、これまでの不心得を詑びてその助を乞ふより外はありませんでした。心の優しい弟は兄の無情なごは全く忘れた如く、心から兄の改心を悦んで、兄の一家のものを引き取つて、親切に世話をいたしました。

九 天女の羽衣

北の北の咸鏡北道の淋しい山のほとりに、むかし〳〵一人の孝行息子が住んでゐました。母には早く死に別れ、家に殘るのは父親ばかりでしたが、その父親も重い病氣のため久しく床についてゐました。何とかして父の病氣の癒るようにと、孝子はいろ〳〵と心を碎いてみたけれども、貧しい悲しさには、思ふやうな良い藥も買へず、良い醫者に見せるわけにもいきませんので、病は日増に重くなるのを、たゞ眺めつゝ暮すより外はありませんでした。

孝子が平生人から聞いてゐるところによると、天上に住んでゐる天女とかいふものは、仙桃といつて、人間世界ではとても見ることの出來ない珍しい桃を持つてゐる。そしてその桃を食べさへすれば、人間の病はたとひ如何なる重い病でも、忽ち拭ふが如く癒つてしまふのみならず、いつまでも長生が出來るといふことでありました。しかしこの桃をどこで得られるでせう。もとより孝子はそれを得る途を知りませんから、たゞ毎日「仙桃が欲しい欲しいと」それればかり心に願つて居りました。

丁度これはある春の日のことでありました。孝子は父の病を案じながら路を歩いてゆきますと、あまり考へ考へ歩いたので、いつか知らぬ間に路を間違へて、横路に這入つていきましたが、終に間違つたと氣がついた時は、何うして來たのか、自分は少しも見知らないところの、ある淋しい大きな河のほとりに立つてゐました。河には、截り斷つたやうな崖が高く立ち、底も知れぬ藍のやうな水が深い淵をなしてゐて、水の面に岸の大木が黑い影を映してゐる様は、まことに物凄い景色でありました。孝子はまるで夢でも見てゐるやうな氣持になつて茫んやりとあたりを眺めてゐると、不意に河の上流の方で何かぴかりと光つたものがありました。孝子は眼を上げてその方を見ました。するとそこには一筋の虹が現れてゐました。虹はいつもの虹とは全く異つた美しいものでありました。目醒めるやうな鮮かな、そして百千萬の五彩の寶玉を寄せ萃めたやうな綺麗なもので、それが天から水の上まで、一つの橋のやうに空に架つてゐました。

『希代な虹だな。』

と、孝子は驚きの眼を瞪つて眺めてゐると、更に孝子の眼に留つたのは、何者か天の方から水の面へ向つて、橋の上を降りてくるのがあることでした。

よく／＼視ると、その者は幾人かの女でありました。この世ではとても見ることの出來ない、明朗玉のやうな女達でありました。女達は身には煙のやうに輕い五彩の着物を纒ひ、歩む足取もふはり／＼と、水の上へ降りていくのでありました。

「ああこれが世にいふ天女こいふものだらう。一體何をしに降りてきたのだらう」こ思つて見てゐるこ、女達は自分が見てゐられるこは少しも氣がつかず、銘々に着物を脫いで、水のほこりの樹の枝にかけ、雪のやうな眞白に耀く膚をあらはして、水の中に入つては、いかにも心地好さ相にあちらこちらこ遊ぎ廻つてゐました。折から和かい春風が微かに河の面を撫でるやうに吹き渡るこ、枝にかけられた着物は、何れも流れるがやうにひら〳〵こ横に靡いて居りました。

これを見るこ孝子はその着物が欲しくなつてきました。で、そつこ其の中の一枚を取つて樹の蔭に隱し、自分も亦樹の蔭に隱れて女達の樣子を窺つてゐました。女達は暫く水の中で遊んだ後、それ〴〵水から上つて着物をつけました。着物をつけるこ、女達は再び虹を渡つて天へ昇つていきました。女達は銘々天に昇つていきましたが、その中の一人だけは着物が見當らないので、非常に周章てて、そこらあたりを搜し廻つてゐます。その時孝子は樹の蔭から現れて言葉をかけました。

『貴女は何をしてゐられますか。』

とても人の來る場所でないと思つてゐるところへ、突然に人が現れて言葉をかけられたのですから、女は且つは愕き且つは愧ぢて、大變に困つてゐましたが、漸くに心を落ちつけて言ひました。

『私は着物を搜してゐるので御座います。』

『着物ですか、着物なら私が在るところを知つてゐます。』

『御存知なら、どうぞ在るところを敎ねて下さい。』

『敎ねても上げようが、一體貴女はどういふお方ですか。』

『私は天上に住む天女で御座います。』

この答を聞くと、孝子は「ああそれではやはりこれが天女であつたのか、天女であるならば、あの仙桃を持つてゐる筈」と思つたので、

『天上界の天女といふは貴女のことで御座いますか。 それならば貴女は仙

桃といふものをお持ちでせう。お持ちならばどうかそれを私に分けて下さいませんか。若しお分け下さるなら、着物は御返しいたします。』

『着物を返して下さいますか。下さるなら、その御禮として仙桃を上げませう。しかし貴方はなぜそのやうに仙桃を欲しがるので御座いますか。』

『欲しがる譯ですか。それはまあ斯ういふ譯なのです。』

と、孝子は今父が重い病氣にかゝつて、困つてゐることを打明けました。この話を聞くと、天女は孝子の心を深くあはれと思つて、一つくれるのでさへなかなか容易でないのを、三つまでも分けてくれました。天女は孝子から着物を受取つて、それを身につけると、非常な歡びで、『それではいつまでも幸福に暮して下さい』と言ひのこして、天に昇つてしまひました。

孝子の方もまた仙桃を得たので、喜び勇んで家に歸り、早速それを父に食べさせましたところ、あれほど重かつた父の病氣も見る間に癒つてしまひました。息子もまた一つを食べましたから、親子二人は何れも不老長壽の人となりました。殘る一つをば、息子は庭の松の根もとに埋めてみました。すると松の樹は俄かにその趣をかへて、いかにも生き生きとしたものになつてきました。その枝ぶりもその葉の色も急に變つてきて、まるで別の樹ではないかと思はれるほどに勢ひよくなりました。取りわけその葉の色合は一段ゝ綠の色を增してきました。それから後といふものは、世の一切の樹の葉といふ樹の葉が、寒い風や冷い露霜のためには、忽ち黃く枯れて落ち散るのに、獨り松ばかりは春夏秋冬いつまでも變ることなく、綠の葉の若々しい常綠の樹となりました。

一〇 馬鹿の物しり

むかしく石さんと蛙さんといふ二人の子供がありました。二人は大の仲好しでしたが、蛙さんは悧巧で家が大金持、石さんは痴鈍で家が大の貧乏でした。この石さんの貧乏なのを、友人たる蛙さんはつねぐ〵大いに氣にしてゐました。で蛙さんは何とかして石さんを大金持にしてやらうと考へ、終に一つの事を思ひつきました。思ひつくとすぐ實行しました。やつた事はあまり善いことではありません。外でもない、蛙さんはある日お父さんの銀匙を隱しました。お父さんはそれを百方手をつくして搜しました。しかし何うしても見つからないので、困つてゐるのを見すましたところの蛙さんはお父さんの前へ罷り出て言ひました。

『お父さん、匙のある處をば私の友だちの石さんに占はしてみたら何うでせう。』

『なに、あの石が占ふつて。これほど搜しても見つからないものを、あんな馬鹿になんで占ひ當てられるものか。』

『い ゝ ゑ。それはお父さんが石さんの偉いことを知らないからです。占ににかけては天下にあれほどの名人はないでせうよ。』

『ふふう。あの馬鹿が天下の名人だつて。』

『いや、名人ですとも。噓だと思ふなら物は試ですから一つ占はしてみたらどうです。』

と言はれて、お父さんもとう〳〵その氣になり、石さんに占つてもらふことにしました。元より石さんは蛙さんから匙の隱してあるところを敎へられてゐるのだから、匙の在りどころを指し示すのは、掌を飜すよりも易いことでした。蛙さんのお父さんは、石さんが「こゝに在る」と占つてくれたところを搜してみると、果してその言葉に違はず匙が出て來ましたから、蛙さんのお父さんの驚くまいことか「なるほど天下の名人だ」と感心して了ひました。石さんはこれで先づ、蛙さんのお父さんを感服させることが出來ました。大金持の蛙さんのお父さんが感服したのだから、その評判を聞いた町のものは、皆大變石さんを敬ふやうになり、更にその評判は町から町、村から村へと傳つて、終には朝鮮中に廣つていきました。かうなつてくるこ石さんはいつの間にか、石先生こ言はれて敬はれるやうになつて、自然にその名を天下に轟がせることになりました。

このやうに、蛙さんの惡戯が因で、石さんは大した大先生になりました。恰度その時支那では一大事が起りました。外でもない、皇帝のお持になる大切な印が、何者にか盜まれて失くなつたことでありました。これは全くの一大事で、皇帝は國中に命令を出して、その盜人を搜させました。けれごも何うしても、その犯人を搜しあてることが出來ません。恰もその時石先生の名聲は支那にまでも聞ゐてゐましたから、支那では早速に石先生を迎へて、その盜人が何者であるかを占つて貰ふことにしました。

蛙さんがあんまり惡戯が過ぎた爲めに、石さんは何にも知らないのに、はるばる千里の山河を越ゐて、支那まで引張り出されることになりました。石さんはごうして占つてよいのか分らないのだから、何ごかして支那へは行くまいと思つたけれど、石先生石先生と大へんに崇められた上、嫌も應もありません、無理やりに支那へ伴れて行かれることになりました。石さんもかうなつては仕方がありません。何うでも成るやうになれと覺悟をきめて、使の者と共に支那へ行くことになりました。

石さんがいよ〳〵支那の都に着いてみると、支那では大歡で、皇帝は朝廷の百官を從へて出迎へるといふ騷でした。支那の方の人々の歡と反對に、石さんの心配は一通ではありません。石さんは先づ第一に何うして占をしたら宜いのか、全く考も何もないのでした。仕方がないので、石さんは先づ百日間待つて貰ふことにして、そのうちに必ず盜人を占ひ當ててみせると約束をして一時その場を逃れました。その場は逃れたものの、さて何うしたものだらうと、石さんは心配になつてたまらないので、一室に引籠つて何うしようか何うしようかと、戶外へも出ずに考へてゐました。考へたけれども、石さんの頭ではとても良い智慧も出ません。さうかうしてゐるうちに月日はずん〳〵

經つて忽ちのうちに十日一ヶ月こ過ぎ、今は九十九日も過ぎて殘るはたゞの一日こなりました。石さんは心配のあまり、最う茫んやりして了ひました。「これでは仕樣がない、一つ顔でも洗つて、頭をはつきりさせよう」こ思つて、洗面器を取り出し、それに水を汲み入れました。するこその時、上の方から柳の葉が飛んできて、洗面器の水の面に落ちました。葉には孔があいてゐました。これを見た石さんは、思はず、「柳孔葉」こ叫びました。するこ遙かに閉扉の戸を叩くものがあります。石さんは誰ですかこ聲をかけました。聲に應じて戸があいたこ思ふこ、そこに一人の男が現れて、何やら大へん恐る〳〵石さんの前に出て、

「實は私が今お呼びになつた柳孔葉こ申す者でございます。私こそ印を盜んだ盜人であります。あなた樣は天下の大占術者でゐらつしやつて、今度の盜人を占ふためここに籠つてゐらつしやるこ聞き、果して當てられるかごうかこ思つて、數十日間この隣室に隱れて御樣子を窺つてゐたのでした

が、唯今明かに私の名を占ひ當てられたからには、もう何も隠しはいたしません。印は私が盗みましたもので、品物はお庭の中の池に生ゐてゐる蓮の根もとにあります。』

と白狀したかと思ふと忽ち逃げ去つて了ひました。

思ひがけなくも盗人が見つかつたので、石さんは命を拾つたやうに喜んで急いでそのことを皇帝に申し上げました。皇帝は早速に臣下に命じて石さんが言つたところを捜さして見ると果して蓮の下から皇帝の印が現れました。

このことを見た宮中の臣たちは、あんまり不思議に言ひあてたので、却つて石さんを疑つて、「石さんが印を隠して置いたのだ」と皇帝に申し上げました。皇帝もやはり石さんの當て方を少し怪しく思つてゐらつしやつたから、今一度石さんの能力を試してやらうとして、手の中に蛙を握つてから、石さんを呼び、かう仰せられました。

『この手の中に何があるか、當てて見なさい。當てれば褒美を遣さうし、當らなければお前の命を取る。』

この言葉を聞いた石さんの愕は一通ではありません。大變なことになつてしまつた。これこいふのもあの蛙さんのお蔭だこ考へるこ、思はず、

『蛙々』

こ溜息まじりの獨語を言ひました。ところが皇帝はこの「蛙々」の聲を聞くこ大そうに驚かれて、

『やはり先生は偉いお方だ。手の中のものは先生の仰言る通りです。』

こ言はれて、いかにも感服なされたやうでありました。皇帝から意外のお言葉をかけられたので、石さんの方も喫驚するやら安心するやら、まるで夢のやうな思をして、運好くも石さんは危いところを免れることが出來ました。それればかりではなく、石さんは皇帝から御褒美として數多くの金銀寶玉を頂戴し、喜び勇んで朝鮮に歸るこごができたこいふことであります。

二　龍のお使

むかし〳〵東海の水の底に龍王が住んでゐました。龍王は大海の中のあらゆる生物の上に立つて、海の世界を治めてゐました。王の宮殿は蒼海の底の深い〳〵水底にあつて、その立派なこと美しいことは、とても人の世では見られないところのものでありました。王は春秋幾百千年の長い命を保つて、まことに幸福に暮して居りましたが、近頃ただ一つ王の心のまゝにならない事が起つて、そのため大變心を痛めて居りました。外でもない、王には何より大事なたつた一人のお姫樣がありましたが、そのお姫樣が近頃氣分少しも勝れず、體は日増に弱つていくのでありました。王は日夜心を痛めて、海中のあらゆる名醫に見せ樣々に手をつくしましたけれども、この病氣をどうするこゝも出來ませんでした。するとある日、一人の醫者が御前に進み出て申し上げました。

『この御病氣を治すに唯一つの方法がございます。兎の肝を探り、それを藥に調合して差上げれば、必ず宜しくなられることゝ存じます。』

龍王はこの話を聽かれると、甚だお悅びになりました。とはいふものゝ、兎は海にゐるものではありません。さすがの王もこれには殆どお困りになつて、何うしたらば兎を手に入れることが出來ようかと、多くの臣下を一堂に集めて、その相談をしました。この時列座の中から龜が進み出て、「兎は私が伴れて參りませう」と申し出ました。この言葉を聽いて、王は大變お悅びになりましたが、平素から餘り賢くない龜の言ふことですから、少し不安に思はれて、

『お前は兎を伴れて來るといふが、お前に伴れて來られるかな。兎はなかなか悧巧な奴であるぞ。』

と言はれますと、龜はいかにも得意さうな顏をして、

『いや決してその御心配には及びません。この龜の巧妙な舌先でうまく兎奴を胡魔化して、きつと作れて參りませう。』

と答へましたので、王はこの使を龜に命じました。

王の使命を受けて、龜はすぐに王城を出發しました。

蒼海の中をくゞり拔けくゞり拔け、はる〴〵の波路を分けて、漸くある島の濱邊に着きました。どこか兎のゐるところはないかと、龜は濱邊づたひに歩いて行きますと、丁度折よく岸近くの草の上に、一匹の兎が日なたぼつこをしてゐました。これを見た龜は、いかにも馴れ〳〵しく、兎のところへ歩みよつて、話しかけました。

『やあ兎さん。よい天氣ですね。』

『おお、誰かと思つたら龜さんか。一體何しに陸へやつて來ましたかね。』

『何しにつて、私は方々の國々を見物して歩いてゐるのでさ。世界は廣いけれども、私の住んでゐる島ほど結構なところが餘所にあるかと思つてさ。』

『龜さん、お前さんの住んでゐる島はそんなに佳い處なんですか。』

『佳いの佳かないのつて、とても口では言へないほど結構な處さ。』

『さうかね。では私の好きな木の實はあるかね。』

『無論さ。島は一面に綠の露の滴れるやうな森に蔽はれて居るし、樹には木の實といふ木の實は何でも實つてゐるのだ。それにまた、この木の實の味の甘さつたら、とても形容の仕樣がないね。咽喉が渴けば、淸冽な水は至るところ滾々と流れてゐるし、流れる水の底には玉のやうな美しい石が敷きつめたやうになつてゐるのだ。』

この話を聞くと、兎はもう心の中ではその島へ飛んでも行きたいほどなところを、わざとそ知らぬ風をして、

『龜さん、一寸お待ち。なるほどお前さんの住む島はそのやうに立派な森があつて樹が澤山あるかも知れないが、樹といふものはさう一年中蒼々と茂つてゐるものでもなければ、實がいつも生つてゐるものでもない。いざ寒

い冬が來たとなれば、忽ち萬木の葉は振ひ落されてしまつて、どこに靑葉がありますどこに木の實がありませう。』

と兎はいかにも考深く言ふと、龜はその短い不格好な手を振つて、

『その御心配なら要らぬこと要らぬこと。自慢ではないが、私達の住む島はそんなつまらないところとは違ひます。氣候は一年中暑からず寒からず、何とも言へぬ佳い薫のする和い風がそよ〳〵と吹いてゐる。その上兎さんの大敵の鷹や鷲は、見たくつても見られないのだ。五色の彩に彩どつた美しい島は、枝といふ枝に幾百千羽と集つて、面白い歌を謠つて………』

ここまで聽くと兎はもうその島へ行きたくつて堪らなくなりました。

『龜さん龜さん、最うそんな話は止して下さいよ。いくら佳い處だつて行けないものは仕樣がないぢやないか。』

『行けない。何故行けないのです。』

『お前さんの樣に游けないからさ。』

『游けなけりや、私の背に乘つて行つたら可いぢやないか。』

『なに、龜さん。背に乘せて伴れて行つてくれる。』

『ああ伴れで行きますとも。兎さんのことなら喜んで伴れて行きますとも。』

『本當かね。』

『本當さ。行きたけりや早く私の背にお乘り。』

『では乘りますよ。』

兎はこう〳〵龜に欺されて、其の背に乘りました。龜は兎を背に乘せると、すぐ様岸を離れて、大海指して游ぎ出しました。龜がふはり〳〵と波の上を浮んで行くうちに、やがて陸はだん〳〵と遠くなつて來ました。一町二町三町五町十町と行くうちに、はやくも二三里ほども陸を離れたと思ふところ、默つてゐればよいのに、やはり淺智慧の龜は喋りだしました。

『兎さん。』

『何だね龜さん。もう島に近いのかね。』

『島なんか近くはないよ。 近いのはお前さんの死ぬことばかりだよ。』

『何ですつて。 死ぬのが近い。 そりや一體どうした譯なんです。』

こ兎は餘り意外のことに愕いて、もう手足をぶる〲こ慄はせて、龜に訴へるやうに言ひました。

『龜さん、それは一體何うした譯なのだか、後生だから話して下さい。』

『譯か、譯こいふのは兎さんかうなのだ。』

こ、龜はそこで自分が龍王から使に出された理由を打明けました。 兎はその話を聽いてゐましたが、性來智慧のすぐれた兎のことですから、忽ち一つの計を考へ付きました。 そこで兎はわざこ落着いた風をして龜に言ひました。

『ああさうでしたか。 それならそれこ、何故前に言つてくれないんです。』

『だつて言つたら、お前さんが私こ一所に來るはづがないぢやないか。』

『いやさうぢやない。 肝ぐらゐのもの、欲しけりやお前さんに上げたつて、少しも差支はないんだ。 いや全くですよ。 お前さんなんか、兎の肝こいふものは一體どんなものだか知らないから困る。兎の肝といふものはね、いつでも腹の中にあるものぢやないよ。勿體なくもこの私は神樣の子孫なのです。この尊い體を穢してはならないと思つて、私の體に障がある時には體の内の五臟を洗ひ淨めて、また體の内に納めるやうにしてゐるんです。ところが近頃何だか少し氣分が勝れない。これは定めし體内に穢があるせいだらうと思つたので、取りあへず肝を出して、洗つて、巖の陰へ藏つて置いたところへ、恰度お前さんが來られたのです。ところがお前さんがあんまり好い話をするものだから、ついうつかりして、肝を置き忘れて了つた。だから若し肝が欲しけりや歸つて取つて來るより外はない。ほんたうに惜しいことをした。』

と、兎はいかにも殘念さうな顏をしてゐるので、龜はすつかりほんたうにしてしまひ、

『それぢや今一度取りに行かう。』

こ龜は方向を更へてもこ來た陸へ向ひました。

龜が陸地に到着するこ、兎は素速く龜の背から跳び出して、草の中へ駈け込みました。龜の方では兎が今來るか今來るかこ思つて待つてゐました。しかし少しも兎の出て來る樣子がないので、龜は待ちくたびれて、大聲で、

『おおい兎さん、早く肝を取つて來ませんか。』

こ、呼ばはりました。するこ兎はひよつこり草かげから首を突き出して、

『誰が行くものか。龜さん考へて見るがいゝさ。肝がなくつて生きてゐる者があるかい。』

意外の言葉に愕いた龜は、

『ではお前さんは私を欺したのだね。それぢや餘りひごいぢやないか。』

こ怨を陳べますこ、兎は、

『當前ぢやないか。先づ初めに私を欺したのは誰だ。お前ぢやないか。人を欺して置いて、自分が欺されたこてそれを怒る奴があるか。』

こ吐き出すやうに言ひ放つて、さつさこ叢の奥に隱れてしまひました。

二 蟾の報恩

むかしある村に貧しい盲人がありました。たゞ一人の娘正淑をば杖柱こたよりにして、漸くその日を送つていくこいふ哀れな樣でありました。娘は未だ年端もいかない少女の身でありましたから、自分の力一つではこても親を養ひきれませんので、世の情深い人の惠を受けて、漸く親子二人の命を繋いでいきました。

ある日、親子がいつもの通り睦しく食事をしてゐますこ、そこへ一匹の黃い蟾がぴよん、ぴよん、く跳ねて來て、こちらの方を見ながらいかにも饑じさうな樣子をしてゐるので、正淑は「おお哀れな蟾だ、それこれをお喰べ」こ言つて、御飯の粒を少しばかり投げてやりました。 すると蟾は大さう喜んで、投げてもらつた御飯粒を喰べると、その禮でもするかのやうに二三度頭を下げてから、どこかへ行つてしまひました。 それからといふものは、蟾はいつも食事の時刻には必ずやつてきて正淑の方を見てゐますので、娘もその度にいつも何か食物の餘などを蟾に與へて居りました。 正淑の與へる食物のお蔭で蟾は日增にだん／＼大きくなつてきて、正淑が十三の春を迎へた頃には、蟾は非常な恐ろしい大蟾となりました。

ところがその歲は大變な凶年でありました。 どこの家でも食物に困つてゐましたから、最早娘に施してくれる人もなくなりました。 そんなことに氣の付かない盲目の父は、相變らず食物を求めますので、娘は親には自分の困つてゐることを少しも知らせず、苦しいこころをいろ／＼と工面して、父の食物を調へましたものの、自分は饑じい腹を抱へながら明日になつたらどうして父を養へるだらうかと、たゞそればかりに心を痛めつゝ、悲しい思にその日その日を送つていきました。

さてこの村には一つの大きな神祠がありました。村の人はこの神祠をば大そう畏れてゐました。でも、もし何か村に不幸な變事でも起ると、それは神祠に祀られてある神樣が怒つてゐられるのであるとして、神樣に捧げ物などをして、その祟を免れようとするのが常でありました。その捧げ物といふのにはいつも村の娘を選みました。貧しくて困つてゐる家の娘を大金で買上げてそれを捧げることになつてゐました。

丁度今年も凶年なので、又どこかの娘を買つて捧げねばなるまいと村の者は寄り〳〵相談をしてゐました。この事を聞き込んだ正淑は考へました。「自分のやうな力弱い女の身では、とても父親を思ふやうに養つていくことは難かしい。いつそのこと、この身を捨てて父の命を永らへる工夫をしよう」と。そこで正淑は父にはいはず、密かに面長のところへいつて、自分の體を捧げたいといふことを申し出で、その代りとして多額の金を受取りました。正淑はまづその中の十分の八を村に預けて、その金で自分の死んだ後も、父を養つてくれるやうにとよく〳〵頼んで置きました。それから殘りの金で父のために着物やら旨しい食物やらを買つて、父の手の屆くところに置き、又飴や菓子などを買つて隣の友達に遣つて、父のことを氣をつけてやつて下さいと涙ながらに頼んでおきました。

さうかうするうちに、いよ〳〵正淑が神前に献げられる日が來ました。正淑はもはや最後の日が來たと覺悟しまして、「この上は、どうぞ父が達者で幸福に暮せるやうに」と心の中で念じつゝ、名殘惜しい家を後にして友達に別れを告げ、又蟾にも最後の別れの標として澤山の餌を與へました。すると蟾は正淑の心の中を覺つたのか、その日に限つて一口も物を喰べず、じつとして正淑の顔を眺めてゐました。やがて正淑は體を淨め、新しい服を着け、迎へに來た村の人達に伴れられ、神祠のある山を指して行きました。神祠は遠い遠い山の奥にありました。あたりには大きな樹が天を蔽ふばかりに生ひ茂つて、晝でも薄暗く梟が鳴きさうな寂しい場所に立つてゐて、いかなる恐しい物が棲んでゐるかと思はれるやうな處でした。村の者も神祠の側近くに來ると、恐る恐る正淑を神祠の奥に入れ、祭壇の上に獻上すると、我れ勝にと逃げ歸りました。

あとに殘つた正淑は、今か〳〵と自分の身に迫つて來る最後の時を待つてゐました。すると神祠の入口に當つて何やら物音がしてきました。いよいよ自分の運命も極まつたと覺悟をきめて、そつと音のする方を見ますと、これは不思議、日頃養つて置いた大蟾が這入つてきました。蟾は眼に涙を湛へながら正淑の方をじつと見てゐます。その樣子は正淑の心の中を察して泣いてゐるかのやうでもあり、また何か心に決するところがあるやうでもありました。

時刻は移つて、いよ〳〵夜も更け、天地萬物は皆死んだやうに靜りかへつた時、忽ち神祠の天井に當つて物凄い響がしました。そしてその響と共に、上から赤い柱のやうな怪物がゆら〳〵ご頭を振りながら、正淑目がけて下つてきました。これを見た正淑は最早氣を失つて倒れてしまひましたが、それまでは少しも動かすじつごしてゐた蟾は、この時俄に身を起し、大口を開けて一條の青い氣を怪物に向つて吐きかけました。するご怪物は苦しさうに頭を拗ぢ向けて、天井に引込みました。十分ほご過ぎるご、また正淑を覘つて怪物は下つて來ました。これを見るご蟾は不意に怪物に飛びつき、其の頭に向つて精かぎりの息氣を吹きかけました。怪物も一生懸命になつて蟾を斃さうごしましたが、終に蟾の毒氣には敵はなかつたのか、忽ち恐しい地響をさせて、板の上に墜落するご共に息氣が絶ゑてしまひました。よく〳〵見ればそれは驚くべき巨きな蜈蚣でありました。蟾の方も亦、哀れや蜈蚣の毒氣に當つて敢へなき最後を遂げました。

　明くる朝になつて村の人は怖は〳〵神祠に行つて見ますご、死んでゐる筈の正淑は生きてゐて、その側には大きな蟾ご蜈蚣ごが板の間に倒れてゐました。村の人は正淑から始終の話を聽いて、正淑の孝心の厚いこと、蟷のやうな蟲類でも猶よく恩を忘れぬ殊勝な心に深く感心しました。そこで村の人は蟷を丁寧に葬りました。又正淑のため、親子二人の暮に困らぬやうに、末永く世話をしてやることにしましたので、正淑親子はこれから幸福な月日を送ることが出來ました。

一三 物好きな盲者

むかし開城に一人の盲者がゐました。生れつき餘り悧巧でもないのに、無暗に珍しい物が好きで、人に遇ひさへすれば「何か變つたことはないか、何か珍しいことでも起らないか」と、耳を尖らせ見ゑない眼を瞠つて、尋ねるのが癖でありました。

ある日盲者は道で知合ひの子供に出遇ひました。するこ例の癖が出て、

『やあ狡童か、大變天氣が好いね。』

『天氣が好い。ハッハハ………。好いごころですか、あの通り空が曇つてるぢやないですか。』

『さうかい。大抵よからうこ思つて、いゝ加減に言つて見たんだが、大失敗だつだね。ごころで狡童。』

『何です叔父さん。また「何か珍しい事はないか」ですか。』

『いや實はそれが聞きたいんだ。ごうだい、何か一つ喫驚するやうな珍しい變つたこごはないか。』

この間をかけられるのは毎度のこごで、いくら暇な子供でも、一々その相手になつてゐては限りがないから、今日は一つこの好奇漢を懲らしてやらうこ思つたので、子供ながらも智慧を出して、かう言いました。

『ありますこもありますこも、大變なこごが起りましたよ。』

『大變なこと。そいつは面白い。一體どこに起つたんだい。』

『あの東林面にさ。』

『東林面に。東林面で何事が起つたんだい。』

『何事つて大變ですよ。』

『大變なのは分つてゐるが、それがどうしたんだよ。』

『どうしたつて大變だよ。』

『その大變は分つてゐるよ。ほんたうに人に世話をやかせる人だな。そんなに人を焦らさないで早く話しておくれよ。お願だ。』

と、もう聞きたくつて聞きたくつて、足をばたばたさせ、盲目杖で地の上を突きながら、子供に頭を下げて頼みますので、子供は可笑しいのを堪らへて言ひました。

『では話しませうか。』

『ゝ、何うか。』

『東林面でね、地面が割れたんですよ。』

『地面が割れた。それは何しても大變だらう。しかし割れてどうしたね。』

『地面が割れて地の底の底まで見通せるんですよ。』

『ふふん。それは珍しいことだな。して地の底には何か見ゑるかな。』

『地の底にもやはり世界があるものとみゑて、上から見おろすと丁度地下の大通が現れてゐるらしいんです。人が往來してゐるのがはつきりと見ゑたり、雞の鳴聲や砧の音などが手に取るやうに聽ゑるんです。實に不思議ぢやありませんか。』

『へゑ。それはいよ〳〵不思議だぞ。そんな話をきくと、何だかかうやつてじつとしてゐられなくなる。俺はどうせ眼が見ゑないんだから、せめてその物音だけも聞いてみたいな。狡童や、一つお願だ。どうか俺をそこまで連れて行つてくれないか。たゞ一遍でもその地下の音といふのを聞かれたなら、俺はもう死んでも悔むことはないんだ。』

『叔父さんはそんなに聞いてみたいの。そんなに行つて見たいなら、連れていつて上げるよ。』

『連れていつてくれる。そいつは有りがたい。では俺の手を引いていつておくれ。』

そこで子供は盲者の手を執つて、どこでも隅はずぐる〳〵と處々方々を引き廻してから、終に盲者の家の後の岡の上に出ました。子供は盲者に向つて言ふには、

『叔父さんこゝですよ。それ下の方に雞の聲や砧の音が聞ゐるでせう。』

盲者は一心に耳を傾けて岡の下の方の物音を聽いてゐましたが、やがてにつこりと笑つて、

『なーるほど聞ゐる聞ゐる。これは面白い。うんあれが雞の聲だな。それそれ砧の音も聞ゐる。今吠ゐたのは犬ぢやないか。地下の世界だつて、さう大して變つたことはないな。聲や物音がよく似てゐるよ。』

こ、大悦で獨語を言つてゐます。

その時子供は盲者の後に廻つて、そつこその背中を突いて、岡の下へ墜しました。盲者は不意に突き墜されたので、大いに愕きましたが、別にさう高いこころから墜ちたのではなし、且は靜かに突き墜されたのですから、幸ひに怪我もしませんでした。しかしあまり不意に墜ちたのこ、その墜ちていく先が地下の別世界だこ思つたものですから、少なからず膽をつぶして、盲者は暫く氣が遠くなつて、茫んやりこ立つてゐました。そんな事こは夢にも知らないで、そこへ盲者の家の僕童がきました。僕童は主人の茫んやりしてゐる姿を見て、不審に思つて、

『何うしましたか。』

こ尋ねました。ところが主人の盲者の方は僕童こは少しも氣がつかず、恐る恐る揉手をしながら、

『はい〳〵、私は天上から參りました者で御座いまして……。』

こ丁寧に御辭儀をしました。するこ丁度そこへ出てきたのが盲者のお上さんです。盲者のお上さんは夫が僕童に向つて、丁寧に挨拶をしてゐるのを見て、可笑しくなつて、思はず吹き出してしまひました。この笑聲を聞くこ、今度は盲者は急に不思議で堪らないやうな顔付になつて、

『お前は一體いつこの下の世界に來たのだ。』

こ、眞面目になつて、自分の妻に尋ねました。

一四　鵲の鐘つき

むかし一人の武人がありました。都へ上つて科擧の試驗を受け、將來は立派な人にならうこ思つて、故郷を出發しました。武人は旅の日數を重ね、幾十の山川を越ゑて、ある淋しい山路の樹の下を通らうこしますこ、俄に樹の上で

悲しさうな鵲の叫び聲を聞きました。武人は聲のする方を見上げました。するこ、樹の上には二羽の鵲がゐて、それが今やまさに大きな蛇のために喰はれようこしてゐるところでありました。それを見るこ、武人は鵲を愍れこ思つて、弓を以て蛇を射殺し、鵲を助けてやりました。危いところを救はれた鵲は、いかにも嬉しさうに羽叩をして何處へか飛び去りましたが、武人もそれを眺めて、先づよいことをしたこ心に悅しく思ひながら自分の旅を急ぎました。

急いでも急いでも、武人は人里のあるところに着くことが出來ません。さうかうしてゐるうちに路は益々淋しくなる、日はだん〳〵傾いてきました。それでもまだ人家は見ねませんで、夜の暗は最早足もとも見ねないやうに迫つてきました。これは何にしても困つたものだ。さて今夜はどこで寢たものかこ、武人は非常に心配しながら眞暗な山路を歩いていくこ、遙か向ふにちらりこ火の光を認めました。「有りがたい。あそこに人家がある」こ、武人は喜び勇んでその方へ行つて見ますこ、果して一軒の家がありました。

家といふのはいかにも古ぼけた大きな荒れ寺で、何となく氣味のわるい建物でした。しかし武人は泊めてさへもらへれば、たとひどんな家だろうが關つてはゐられないと思つて、戸を叩きますと、家の中から人の聲がして、一人の女があらはれました。武人はその女に泊めてもらひたいと頼みますと、女は武人の頼みを快よく聽き入れて、一つの閨房に案内してくれました。武人はその閨房に入ると、何だか背中に水でも通されたやうに體がぞつと寒くなりました。何うも氣味の惡い家だとは思つたけれど、大そう疲れてゐるので、武人はそのまゝそこに寢入つてしまひました。

しばらくすると何だか胸苦しさを覺えて、武人が目を覺すと、これは大變、自分の體は大蛇に卷きつけられ、今少しうつかりしてゐると、危なく殺されてしまふところでした。武人が愕き覺めたのを見て、蛇は武人に向つて言ひました。

『私はさきにお前に殺された蛇の妻だ。夫のためにその仇を復ひようとした苦心の甲斐あつて、こゝに今お前を殺すことが出來るのだ。』

武人は大いに驚いて言ひました。

『蛇や、お前の恨むのも道理であるが、私こて好んで蛇を殺したのではない。鵲を助けるため仕方がなしにやつたのだ。 私はこれまで長い間螢雪の苦を積んだ結果、今漸く科擧の試驗に應じるため、都に上らうこして行くところなのだ。 私の心の中を憐れこ思つてくれるなら、何うかこゝは逃がしてもらへまいか。 一生の御願だ。』

この言葉を聽くこ、さすが無情の蛇も少しは武人の心の中を憐れこ思つたのか、武人を卷きつけてゐた體を解いてからかう言ひました。

『なるほごそれは氣の毒に思ふ。 ついてはお前に唯一つ言つて聽かせることがある。 この寺の高樓に一つの鐘があるが、もしその鐘が今夜の三更までに三度鳴るここがある時は、自分はお前の命を取るここが出來ない運命を持つてゐるのだ。 お前を憐れこ思ふから、三更までは待つてやらう。 しかしそれまでに鐘が鳴らない時は、お前の命はこの大蛇のものであるぞ。』

『それは有がたい。では何うぞ今夜の三更までは、私の命を助けて置いて下さい。』

武人はそこでこの閨屋を出て、高樓の鐘がごこにあるかこ尋ねてみるこ、高樓は雲を淩がんばかりに高く夜の空に突き立ち、鐘はごても人間のさゞきさうもない中空に懸つてゐました。武人は何ごかして鐘を撞き鳴らしたいこ心は焦つてもごても、鳴らせる見込はありませんでした。武人はいかに悶いても鐘を鳴らす良い工夫は思ひつかず、ただ空しく時刻が迫つてくるばかりでした。「ああ困つた。何うしたらば可いのだらう。自分はこのまゝ蛇に命を取られてしまふのか」こ、武人は非常に嘆き悲しんでゐるこ、そこへ蛇は後から躙り寄つてきて、

『さあ早く鐘を鳴らしたがよい、鳴らせないなら命を貰ふぞ。』

こ言つて迫りました。一刻また一刻、もはや武人の命は絕體絕命の危い淵に臨みました。「さあ何うだ」こ蛇は徐ゝまた迫つてきました。「いよ〳〵駄目だ」

と武人は覺悟をしました。

するとこの時である。忽ち空中に一つの音が響き出しました。何の音。鐘の音でした。鐘の音はゴーン、ゴーンと、一つまた一つ、都合三つといふものが暗夜の空高く、物凄くも響きわたりました。武人は愕きました。蛇に至つては猶更でありました。蛇は何か恐しいものにでも襲はれたやうに身を竦めて、後をも見ずに逃げ去つてしまひました。

武人は思ひがけなく鐘の鳴つたお陰で危い命を助かりました。しかしなぜ鐘が鳴つたかその譯が解らないので、明くる朝早く起きて高樓の鐘の下に行つてみました。仰げば鐘はやはり高く中空に懸つてゐましたが、鐘の下の地の上に何やら斃れてゐるものがありました。それは昨日命を助けてやつた二羽の鵲でありました。死んだ鵲の一羽は嘴を挫いて居り、一羽は頭を砕いてゐました。鳥ながら恩を忘れずして、この哀れな最後を遂げたのでありました。

一五　三つの珠

むかし貧乏な男がありました。男は毎日口癖のやうに「あゝ金持になりたい、金持になりたい」こ言つてゐました。するこある夜、男の寢てゐるこころへ白髮の仙人が現れて、男に尋ねました。

『お前はいつも金持になりたいこ申してゐるが、金持になつたら何うするつもりか。』

『貧乏人を助けてやります。世間の金持のやうに自分一人樂をして、貧しい者はごうなつても關はないこいふやうな不心得なここは致しません。』

『確かにその通りやるか。』

『噓は申しません。若し噓を言つたならば、ごんな罰でも決して厭ひません。』

『宜しい。それならばお前の望をかなへてやらう。今こゝにお前に三つの珠を取らせる。一つの珠は錢生珠だ。これを攫んで振れば、金銀貨はお前の望みのまゝに出てくる。第二の珠は穀生珠だ。これを振れば穀物野菜はいくらでも出てくる。そこで此の第三の珠は汝死珠といふのだ。これを手に執つて人を指し「お前死ね」と言ふ時は、其の指された人は必ず死ぬといふ恐しい珠だ。可いか、必ず貧乏人を助けることを忘れてはなりませんぞ。』

と言ひ了ると姿は消ねてしまひました。「ああそれでは今のは夢であつたか」と思つたが夢ではなくて、翌朝眼を覺してみると、枕もとにはちやんと三つの不思議な光を放つ珠がありました。希代なこともあるものよと思つて、試しにその珠の中の一つの錢生珠を振つて見ると、なるほど仙人の言葉の通り金銀錢は思ふがまゝに湧いて來ました。これを見た男の歡は一通りでなく、それからといふものは、男は毎日錢生珠と穀生珠を振つて、金銀錢を出し、穀物野業を出して、忽にして大した金持となりました。

さて男はかう金持になつたからには、前に仙人に約束した通り、貧しい人や困つてゐる人を助けてやらねばならない筈なのでありますが、もと〳〵あの約束といふものは、唯自分さへ金持になつてしまへば、後は約束を守らうが守るまいが少しも關はないといふ悪い了簡から、心にもない好い加減なことを言つたのでありますから、いよ〳〵自分が金持になつて樂に暮せることになると外の人がどんなに困らうと、そんなことは少しも關はないといふ氣になり、自分だけは立派な邸を構へ、旨い食べ物を食べ、美しい着物を着て、氣儘氣樂に暮してゐました。

「驕れるもの久しからず」とか世の諺に申しますが、その通りで、ある日不意に男の家から火事が起りました。火の廻り方が餘り迅いので、瞬く間に立派な大邸宅から家財道具まで、一切は煙となつてしまひました。たゞ不思議にあの三つの珠だけは少しの障もなく焼けのこつてゐました。他人の難儀などは振り向いても見てやらない男のことですから、平素から村の人にも好くは思はれてゐなかつたが、かう火事に燒け出されてみると、村の人もこの男のことを氣の毒に思つて、大勢見舞に出かけて種々慰めの言葉を述べました。ところが、男は村の人から親切な言葉をかけられると、却つてそれを鼻であしらひ、大勢の人に例の珠を示しながら傲然として言ひました。

『なあにこんな家なんか燒けたつて、ちつとも惜しくはないさ。俺はお前さん達のやうな貧乏人と違つて、これ見なさい、このやうな三つの寶の珠を持つてゐるのだ。この珠さへあれば、一夜のうちに千萬長者となることは、飯を食ふより易いことなのだ。』

村の人はかう言はれて、一同愕いてしまひました。するとその中の一人の者が疑ひの眼を光らせて言ひました。

『珍しい珠もあるものだな。何んだか餘り珍し過ぎて嘘のやうな話だ。』

かう言はれると、男は却つていよ〳〵得意になつて、

『何んで俺が嘘をいふものか。お前達はまあよく見て置くがいゝ。よしか
これが錢生珠といふ珠だ。この珠を振れば、金銀錢は忽ちに千圓でも萬圓でも好きなだけ出てくるのだ。それからこれが穀生珠といつて、この珠から
は穀物野菜を出せるのだ。それから最後にこの珠だ。よしか、よく見なさい。これが恐しい汝死珠といふ珠だ。』

『汝死珠つてどんな珠です。』

『これか、これを握つて人を指さし「お前死ね」と言へば、指さゝれた人は忽にして死んでしまふといふ珠だよ。』

『これがですか。』

『さうだ。まあ持つだけも持つて見なさい。』

『どれ一寸持たせて貰ひませう。成るほど重い珠だな。しかしこれが人を殺すなんて、何んだか本當とは思へないな。ハハハ……あなたは私達を戯弄つてゐるんだ。』

—— 100

『何んでそんなことをするものか。お前達は物を識らないから困る。』と村の人の愚なことを冷笑つて、益々得意でありました。村の人の方はまた男の平生が少しも信用のない人ですから、やはり自分が戯弄はれると思つて冗談半分に男に向つて、「お前死ね」と言つてみました。ところが、これぱかりは男の言つたことに嘘はなく、男は忽ちその場に斃れてしまひました。

村の人に同情がなく、また平生から言行に誠がなかつたのが祟つて、折角の寶を持ちながら、男は身を亡してしまつたとのことであります。

一六　恩知らずの虎

むかし一匹の虎が陷穽に落ちこみました。このまゝにして居れば、虎の命がなくなるのは言ふまでもありません。虎は一生懸命に穽から出ようとしたが、何うしても出られない。困つてゐるところへ、丁度一人の旅人が通りかかりました。こゝぞと思つて、虎は穽の底から旅人を呼びかけ、いかにも哀れな聲を出して言ひました。

『もし〳〵旅のお方、どうぞお願ですから、私を穽から出られるやうにして下さいませんか。出して下さいますれば、貴方は私の命の恩人です。その御恩は決して忘れません。どうぞどうぞ。』

この言葉を聞いた旅人は可哀さうだとは思つたけれども、もとより殘酷な虎のいふことですから、うつかりその言葉を信ずるわけにもゆかず、そのまゝかまはずに行かうとしました。すると虎は益々哀れな聲を出して、泣くやうに旅人に頼むので、旅人もつひに虎の言ふことを信じて、虎を穽から出られるやうにしてやりました。虎は旅人のお蔭で命を救はれたのであるから、そのお禮を述べることかと思つたら、前の哀れな樣子とはからりと變つた恐しい勢で旅人に跳びかゝつて喰ひ殺さうとしました。旅人はあまりの事にびつく

りして、虎に向つて、

『虎さん、それはあんまり恩知らずといふものです。自分が今助けられたことを忘れたのですか。いかに獸でもあんまりひどい。』

と虎を詰めますと、虎は言ひました。

『俺だつて恩は知つてゐる。しかし元來人間は俺達虎仲間にとつては敵なのだ。その上俺をこんな陷穽に落した奴は惡んでも餘りある奴だから、其奴の代りにお前を喰ふつもりなのだ。さあ覺悟しろ。』

かう言はれて、旅人は最早逋れることが出來ないと思ひましたが、何とかして命を助かりたいものと考へ、虎にかう賴んでみました。

『よろしい。虎さんのいふことは尤もであるかも知れないが、しかし又、私のいふこころにも道理があるつもりだ。一體どちらの言ふことが正當なのでせう。どうです、一つ誰かに裁判をして貰つては。裁判で私が負けたなら、その時こそ私は何も言はずにこの體を虎さんに上げるとしませう。』

さすが無情な虎もこの頼みまでも斥ける譯に行かなくなつて、旅人の申出を承諾することになりました。

そこで旅人と虎はまづ牛のところを訪ねて、裁判を願ひました。すると牛はいかにも機嫌の惡い顔付になり、モオと一聲叫んでから言ひました。

「一體人間といふ奴は恩知らずだ。まあ考へて見るがいゝ。人間はどれだけ俺達のお蔭を蒙つてゐるか。やれ田畑の仕事だ、やれ重荷の運搬だといつては、いつも俺達はその手傳に引張り出されるのだ。使ふ方は都合がいいだらうが使はれる方の身になつて見たまへ、隨分樂ぢやないぜ。殊に夏の日盛の時の勞働の苦しさはどうだ。車に積んだ荷は山ほどもあるのに、それを引張つて坂路へでもかゝつて見ろ、暑さと疲れで殺されさうだ。そればかりではない、俺達はどこまで親切なのだらう。人間の體を養ふためには、俺達の體から乳まで絞り取らしてゐるぢやないか。まづこれ程に俺達は人間のために盡してゐるのだ。然るに何といふことだらう。その大恩のあることをばまるで忘れて、俺達を殺して、その肉までも喰はふとするのだ。このやうな恩知らずは虎さんに喰はれるが當前ぢやないか。虎さん、喰べてやれ、大いに喰べてやれ。」

虎はこの言葉を聽いて大喜びです。

「それ見ろ、俺の方が正當だらう。さあ覺悟しろ、喰べてやる。」

虎にかう言はれて、旅人は弱つてしまひ、

「まあまあ待つて下さい。牛さんの言ふところは道理かも知れないが、今一度誰かに裁いてもらつた上にして下さい。どうぞお願ですから。」

と虎に賴みました。虎は「また待つてくれか。面倒くさい奴だな」と思つたけれど「まあ仕方がない負けてやれ」と、旅人の賴みを聽き入れました。

旅人は虎をつれて、ある森の中の大木のところへやつていき、裁判を求めました。するど木はいかにも憤慨に堪ねぬといふ樣子で、その太い幹を胴慄ひさせました。胴の搖ぎが枝から枝、葉から葉へ傳ると、忽ち幾百の木の葉は枝先きから跳ね飛されて、四方へぱつと散るほどの憤りやうでした。怒りの聲を顫はせつゝ、木は虎に向つてかういひました。

『人間は何たる恩知らずだらう。虎さん私達がどれほど人間のために盡してゐるか、まづそれから考へて貰ひませう。春には美しい花を咲かせて、彼等を歡ばせてやる。夏には青葉の影を作つて、暑さを除けてやる。秋には紅葉となつてその眼を慰めてやる。冬には落葉を澤山に拵へて、燃き物に困らないやうにしてやるのだ。こころが隨分勝手な話ぢやないか。これほど吾々の恩惠を受けながら一旦自分達に入用なことが出來ると、吾々の都合も苦痛も一切關はぬといふ風に、どし〳〵切り倒すのだ。このやうな恩知らずはどう成らうが關つたことでない。虎さん、喰つてやるべし、大いに喰つてやるべしだ。』

虎はいよ〳〵得意になり、旅人に向つて言ひました。

『それ見ろ。誰一人お前なんかの味方をする者はないだらう。さあ覺悟しろ、喰つてやる。」

旅人も最早遁れる途がないと思つたが、これを最後のつもりで、虎に頼みました。

『宜しい。もう仕方がない。だが一つこれを最後のお願と思つて待つては貰へますまいか。今度自分が負けたなら、その時こそ何にも言はずに虎さんの餌になりませう。」

かう言はれて虎は考へました。「どうせ俺の方が正しいに定つてゐる。この上は誰に裁判させたつて大丈夫」と思つて、旅人の言ふなりになりました。

旅人はそこで誰のところへ行かうかと考へた末、狐の叔父さんは智慧があるから、そこへ行つて裁いて貰はうと思つて、虎を伴れて狐のところへやつて行きました。

狐は人と虎の兩方から銘々の言ふところを聽き了ると、暫く口を尖らせて考へてゐる樣子でしたが、終に口を開いて言ひました。

『あなた方の言ふところは能く解りました。しかし裁判をするには、先づその場所へ行つてみて、あなた方の言ふところが本當かどうかを檢べた上にしよう。』

すると虎は今度こそ旅人を喰べられだらうと思ひ、大喜で自分から先に立つて穽のところへ案内していき、自分から穽の中へ跳び込んで『自分がかういふ風に穽に落ちて、それからかうして、かうして』と、狐に說き聽かせました。そこで狐は虎の話が終るのを待つて、いよ〳〵最後の裁判をしました。

『では裁判しますよ。』

狐の聲は嚴かでした。

『ねゝ、どうか早く願ひます。しかし兎も角、私を穽から出してからにして下さい。』

『まあお待ちなさい。そのまゝでゐて貰はないと裁判がしにくいから。さうすると、虎さんはまあさういふ風に穽の中に入つてゐたのですな。そしてかういふ風に何にも上る手蔓がなくつて(こ狐は虎が穽から上れないやうにして)困つたのですな。 するこ貴方が助けてやつた……成るほご。では裁判しますよ。 一體この爭ひは旅の人が虎さんを助けてやらうこして穽から出してやつたから起つたのだ。 つまり虎さんが元の通り穽の底にゐさへすればそれでよかつたし、又旅の人もそのまゝ虎さんなんかに關はず、自分の行くべき路を行けばよいのだ。 これがまづごちらにも公平な裁判でせう。 では失敬。」

こ狐はさつさこ山奥へ姿を隱してしまひました。 旅人も思ひがけない狐の裁判のお蔭で命を助かり、大喜びで途を急ぎました。

餘り意外な裁判の結果に虎こそ却つて愕いて、今度はあべこべに自分の方から旅人に待つて下さいこ歎願したけれごも、旅人はもはや虎の言葉には耳をかさず、ずん／＼こ行つてしまひました。 最後に穽に殘された虎は果してごうなつたことでせう。

一七　親を捨てる男

むかし〳〵、ある片田舍に心の善くない男が住んでゐました。男には年寄つて體の衰へた母親と、誠に心だての優しい男の子がありました。男は至つて怠け者でしたから、家はいつも貧乏で困つてゐました。しかしもとより心の善くない人のことですから、かう貧乏なのも自分の怠ける爲だといふことには氣が付かず、「母親が徒食してゐるばかりで、家のために働いてくれないからだ」と思ひ、終には「いつそのこと母親をば、どこか人の知らない山の奥にでも捨てて了はうか」といふ恐しい考を起しました。

親を捨てる……まあ何といふ恐しい考でせう。しかし男はそんなことに少しも氣を留めず、早速親を捨てに出かけようかと思ひ、自分の子を呼んで支械を持つて來させ、そして言ひました。

『家はこの通り困つてゐるのに、家の祖母さんはちつとも家の役に立つてくれないから、これから、どこかの山へでも捨てて來ようと思ふんだ。お前はその支械に祖母さんを背負つて來い。』

子供はこの言葉をきくと、餘りに情ない父の心に愕き且悲しんで、たゞ茫んやりとその顔を見つめてゐるばかりでした。男はまた子供が茫んやりとして立つてゐるばかりで支械を持つてくる樣子がないのを見て、大いに腹を立てて了ひ、

『何をそのやうにぐづ〳〵してゐる。早くしないか。』

と怒鳴りつけました。

父に叱られて、今は仕方なく、子供は祖母さんを支械にのせて擔はうとしました。しかし未だ年端もいかない子供の力で、どうしてそれを擔ふことが出來ませう。悲しみの上に力のない身は、支械を背にしてたゞ泣くより外はあ

りませんでした。父はこれを見ると益々怒り出し「意氣地のない奴だ」と小言を言ひながら、自ら支械を背負ひ、行くまいとする子供の手を無理やりに引張つて、山奥さして出かけました。しかし子供は行く〳〵何か一心に考事をしてゐるらしく、一言も口をきかず、首を垂れて歩きました。五町、十町、半里と行くうちに、路はだん〳〵山にかゝりました。かうして二人は山の山の山奥の全く人の來ない淋しいところまで來ました。

父親は母を支械から卸しました。母が地の上に倒れるやうにして卸された姿を後にして、父はそのまゝ子供と二人で逃げ歸らうとしました。すると子供はなか〳〵、そこを立ち去らうとしないのみならず、父が殘して置いた支械まで背負つて、名殘惜しげに祖母さんの方をふり返へりふり返へりつゝ、とぼとぼ歩いてきます。父親は出來るだけ早く母親を捨てたところから遠ざからうとするのに、子供の方は成るべく祖母さんの捨てられた山から離れまいとしてゐます。先へ心の急ぐ父は子の足なみの遲いのに腹が立つてきました。見れば子の背には、古びて壞れかけた支械が大事さうに擔はれてあります。

『そんな壞れた支械を持つて歸るには及ばない。捨てて來い。』

こ言ひました。子供はこれまで決して父親の言付に背いたことがなかつたのでした。然るにこの時ばかりは、いつもの溫順しさこはまるで變つて、

『い丶え、これは持つて歸らねばなりません。』

こ、子供の答は決然こしてゐました。思ひがけない子供の強い答に一寸愕いて、父は

『なに持つて歸るつて。なぜ持つて歸るんだ。』

こ尋ねました。しかし子供には答がありません。たゞ首を垂れて默つて居るばかりでした。

『なぜ持つて歸るのだよ。』

こ父親は詰めたてました。子供はやはり默つてゐましたが、その首は益々垂

れていくばかりでした。二度まで尋ねても答がないので、氣短かな父親は怒ち腹を立てました。大きな掌で二つ三つ子供の頰を張つてから父親は怒鳴りました。

『なぜ親に對して返辭をしないのだ。』

子供はもはや何うしても返辭をせねばならぬ場合となりました。子供は返辭をするために首を上げました。子供の眼には悲しみの色が漂ひ、涙は兩頰に流れてゐました。子供の口は何か言ひ出さうとして、なほ言ひ出し兼ねてゐるやうでしたが、終に心に決するこころあるが如く、かう答へました。

『あの支械は年寄を捨てるのに使つたのです。』

『使つたから何うしたといふのだ。』

『だから、お父さんが祖母さんのやうに・年寄になられた時……。』

『うん、年寄になつたら何うするといふんだ。』

『お父さんが祖母さんを捨てたやうに、またこの支械でお父さんを捨てなければならないでせう。』

と言つたかと思ふと、今まで堪へてゐた悲しみが一時に堤を切り放つたやうに、子供はわつと聲を上げて泣き出しました。この一言を聽いた父は不意に千仭の谷底に突き落されたといはうか、電光に頭を貫かれたといはうか、何とも形容の仕樣のないこころの愕きと愧と深い後悔の一念に襲はれました。

「ああ何といふ恐しい我が子の言葉であらう。こんな恐しい親不孝の言葉を言はせたのは誰か。自分ではないか。自分の親不孝の行が源なのだ。何もかも皆自分が惡いのだ。ああ惡かつた、惡かつた」と、良心の苛責に一時に攻めよせられて、父親は今までの怒つてゐた心も忽ち消ねて、子供の側に駈けよつて、子供を抱きしめ、

『許しておくれ、お父さんが惡かつた。全くお父さんが惡かつた。これからは屹度心を入れかへるから安心しろよ。ああさぞ悲しかつたらう。さあ早く祖母さんをお連れして家に歸らう。』

さ、今度は父親自らに支械を執つて、祖母さんをその上に大事に載せ、片手には優しく子供の手を引いて、山を下りていきましたさのことであります。

一八　蛙と狐の智慧くらべ

食べものを捜しに出かけた狐が路で蛙に出あひました。これは好い御馳走を見つけたさは思つたけれご、まさか何にも理由なしに蛙を食べるこさも出來ないので、一つ蛙に喧嘩をしかけて、蛙が下手なこさを言つたら、それに附けこんで蛙を食べてやらうさ考へました。で、狐は蛙に話をしかけました。

『や、蛙さん久しく會はなかつたね。』

『これは狐さんですか。大分お久しぶりで御座いますね。相變らず御壯健で誠に結構ですな。お子樣がたも定めし御揃ひで御達者でゐらつしやるでせうね。』
となか〳〵お世辭がいゝので、つい狐も、何んだか荒々しい言葉を出しにくく
なつて來ました。仕方なしに何か一つ智慧くらべをやつて、蛙の奴をまかし
てから、蛙が口の利けなくなつたところへ附けこんで、食べてやらうと思つて、
『時に蛙さん。お互に無駄な話をするのもつまらないから、どうだね、何か一
つ智慧競べをしようぢやないか。』
『よろしう御座います。お互に爲になるのですから、一つやりませうか。』
『お前がよろしけりや、先づこつちから尋ねるよ。』
『はいどうぞ。』
『蛙さん。お前さんの背中は何んだか高低があつて、みつともないね。一體
どういふ譯でそんなに高低があるの。その譯をききたいね。』
『ああこの高低ですか。これはかういふ譯なんです。大變話が古くなりま
すがね、支那の禹の時でしたよ。非常な大洪水があつて、困つたことがあり

117 ——

ました。』

『なるほど。』

『その洪水の難を救はうと思つて、禹が大きな溝を掘つて、水を海に流したことがありました。その時の仕事といつたら、なか〳〵大したものでしたよ。私なぞもその時仕事に使はれたんですがね、何しろ重い石を負つては運び負つては運びするんですから、随分に難儀をしました。つまり背中の高低はその時の傷のあとで、みつともないところぢやない、私に取つては却つて名譽の標なのです。』

『はは成るほどな。』

と、これで狐は第一問で蛙をいぢめそこねました。そこで狐は今度こそと思つて、蛙に問をかけました。

『では蛙さん、あんたの眼はなぜそんなに黄いのだね。』

『この眼の色ですか。この譯なら何んでもないことです。ずつと以前のことですが、私の叔父が支那の西伯の役をしてゐた時、甘興露といふ酒を澤山に貰つたのです。味つてみると非常に旨いので、つい飲みすぎて了つて、その酒の色の通りに、かう黄くなつたわけなんです。あなたは甘興露を飲んだことがありますか。』

と、あべこべに質ねられて、狐は大いにあはててしまひ、

『いや、まだで………。』

『おやまだですか。物識の狐さんにも似合はないことですね。序ですから一寸狐さんにお質ねいたしますよ。い丶ですか。』

と言はれて、まさか「いけません」とも言へず「よろしい」と返辭をしました。すると蛙は言ひました。

『あなたは、お羨しいお方ですね。』

『何が羨しいのです。』

『何がつて、あなたの體はこれこのやうに結構な毛皮に包まれてゐるのです

ものす。こしぐらゐ打たれたつて傷がつく心配はなし、冬になれば自然の厚外套を着たやうなものですな。』

『全く蛙さんのいふ通りだよ。』

と狐は大いに得意になつて、鼻をくん〳〵言はせてゐます。

『して見ると狐さんに取つては、毛皮はなか〳〵有難い恩人のやうなものですね。』

『無論さ。僕なんぞはこの恩を有難い有難いと思つて、朝夕決して忘れたことはありやしないよ。』

『さうでせうとも。さすが心がけのよいものは違つてゐる。』

と蛙がべちやくちやと賞めたてると、狐は益〻いゝ氣持になつて、

『蛙さんなぞも恩を忘れないやうにしなけりやいかんよ。ちつとはこの狐に見習ひなさい。』

『はい以後は一そう氣を附けます。ところで狐さん。』

『何だね。』

『それほど恩を忘れられない毛皮のことであれば、その毛の數が何本ある位はよく御存知でせうな。』

『いや、その毛の數はと……ねーと、それ……あの。』

『あのどうしました。何本でしたかね。』

『ねーとその……實は知つてゐたんだけれど、つい今日は忘れて了つた。』

『大恩のある毛皮の毛の數をお忘れですか。これは驚きましたな。』

『いやどうも面目ない。これだけはつい知らないでゐた。』

と、狐はさつきの得意な顔から冷汗を流してゐます。すると蛙はすぐに言葉を繼いで、

『昔から英雄豪傑といふものは舌の先を咽喉の奧の方へ大そう曲げられるものだと聞いてゐますが、本當ですか。』

と質ねると何でも自慢のしたい狐は、すぐに喋りたて、

『本當だとも。僕の父なぞはその事にかけてはなか〳〵偉い方で、非常に人から尊ばれたものだ。僕なんかも少しは曲げられるよ。』

『さうですか。やはり英雄の子は違つたものですね。しかし物は試しです。私も少しは曲りますから、一つ曲げつこの競爭をしようぢやありませんか。』

『よいともよいとも。では一つ僕が曲げて見せよ。』

と、狐は一生懸命に眼を白黒させながら無理に曲げましたが、元よりさううまく曲がる筈もありません。すると蛙はから〳〵と笑つて、

『たつたそれつきりですか。それぢや一つ私のを見て下さい。』

といつて、蛙は大きく口を開けて見せました。狐は「なんの蛙の奴がどれ程も曲るものか」と思つて口の中を覗き込むと、これは驚いた。自由自在にどんなにでも曲つて行くので、さすがの自慢屋の狐もとう〳〵閉口して、これこそ本當に舌をまいて、逃げ出してしまひました。

一九 金棒銀棒

これもむかし〳〵の話です。

百姓の家に生れた二人の兄弟がありました。兄は非常な怠け者で、弟は至つて働き者でした。兄はいつも家の中にごろ〳〵臥てばかりゐる暇に、弟の方は朝は早くから山へ出かけては薪木を採り、夕方の日が落ちるまで一心に働いて歸るのが常でした。

今日も弟は山へ出かけて深い〳〵山奥に分け入り、一心に仕事をしてゐるうちに、早くも日暮に近くなつたので、これもう家に歸らうかなと仕度をしてゐるところへ、忽ち一陣の風が樹の枝を吹き過ぎて、榛の樹の實が枝からばらばらと落ちました。「これは有りがたい。家へ土産に持つて行かう。先づお父さんお母さんに、次は兄さん姉さんに、次は自分達夫婦と子供等に」と思つて、幾つかの木の實を捨つてゐるうちに、早くも夕暗が迫つて來て、足下が暗くなりました。「おや遲くなつた、早く歸らなければならない」と思つて立ちあがると、この時何處からともなく妙な聲が風に流れて聞ゑてきました。耳を澄ましてよく〳〵聽くと、人の聲でもなければ鳥や獸の聲でもない。何だか荒つほい聲で、それが林の奥の方から起つてくるやうでした。これは變だ、一體何者がどこで何をしてゐるのだらう。なんだか氣味が悪いが、しかし見てもやりたいので、弟は怖はごはにその聲のする方へと、暗いところを足さぐり手さぐりで尋ねてゆきました。弟は細い山路をぐる〳〵と登つたり降つたりしてゐるうちに、終に谷の開けた廣いところへ出たと思ふと、これは驚いた。そこには妙な形をした大きな宮殿のやうな家があつて、その宮殿の廣間には銅の頭に恐しい顏をした鬼が幾百となく集つて、酒宴の眞最中でありました。

「これは珍しいことだ。世にいふ鬼とはこの事だな。こんな珍しいものは二度とは見られないから、一つよく模樣を見ておいて、話の種にしよう」と思ひ、弟はこつそりとその家の中に入つて、鬼に氣付かれないように梁の上に攀ぢ登り、その上から宴會の樣子を見下してゐました。

人が見てゐるとは知らないから、鬼どもの酒宴はます〱盛んになり、終には銘々が何やら重さうな棒を手に執りました。何をするのだらうかと見てゐると、鬼の中の大將とも見られる奴が、先づ棒を振り上げて、

『金出ろ。』

と怒鳴つて、床板の上をごん〱と叩くと、その外の大勢の鬼どもも、

『金出ろ。』

と怒鳴つて床板をごん〱と叩きました。するといた棒の先が一齊にぴかりと光つたかと思ふと、じやりん〱と棒の先から金貨が飛び出しました。

今度は二番目の鬼が棒を振り上げて、

『銀出ろ。』

と怒鳴つて床板をごん〳〵と叩きました。外の鬼どもも一齊に、と叫んで床を叩きました。するとまた棒の先がぴかりと光り、じやりんじやりんと響いたかと思ふと、忽ち銀貨が飛び出しました。

『銀出ろ。』

三番目の鬼も同じやうに棒で床板を叩いて、寶石を出させました。

四番目の鬼も同じやうにして、穀物を出させました。

五番目六番目七番目と、後から後からと代る〳〵に棒で床板を叩きさへすれば、何でも欲しいと思ふものの出てこぬことはないやうでした。これを見てゐた弟は、あまりの不思議さに呆れてしまひ、つい我れを忘れて木の實をばりばりと嚙みました。

丁度その音は、鬼共の騷いでゐる頭の上の梁のところから起つたのですから、梁でも折れるのではないかと思つたのでせう、鬼共は、一同喫驚して、我れ先きにと逃けだしました。鬼の逃げたあとには、不思議な棒や金銀貨やいろいろの實が殘されてありました。弟はそれを土產にして家に歸り、其の後は榛のお蔭で朝鮮一の長者となりました。

怠けもので慾深の兄がこのことを弟から聞きました。するといつも朝寢の兄が明くる朝は早くから起き出て、弟の行つてきた山へ登りました。弟の敎へたところへ行つて、榛の樹の下に立つてゐると、いゝ按排に枝から木の實がぽつり〳〵と落ちて來ました。兄は占めたと思つて、手早く木の實を拾ひとりました。先づ俺にと一つを拾ひ、次は妻や子に、その次は親にと拾ひ上げてから、山の奧へはいつて行くと、なるほど谷の少し開けたところに、妙な格好の大きな家がありました。まだ鬼がくる時刻には早過ぎるので兄は梁の上へ登つて待つことにしました。

そのうちにいよ〳〵夜がきて、深山の淋しさ物凄さが身に迫るころ、弟の言つた通りに、銅の頭の鬼どもが幾百か入つてきて、酒宴を始めました。酒宴がだん〳〵盛んになつてくるのを見てゐた兄は、性が慾深ですから、鬼が棒で床板を叩くのなぞ待つてゐられなくなり、とう〳〵木の實を噛みました。木の實を噛む音が鬼の頭の上で響き渡つたのですから、その物音に愕いて逃げ出すかと思ひのほか、鬼どもは騷ぎもせず落ちついてゐます。するとその中の一人の鬼が天井の方を眺めてゐましたが、終に兄の居所を見つけたらしく、その方を指して鬼は言ひました。

『やあ皆の者、あの梁の上を見るがいゝ。昨夜われ〳〵を愕かして、棒を盗んで行つたのは彼奴だらう。太い奴だ。どうだ、皆なで彼奴を懲らしてやらうぢやないか。』

すると、外の一同の鬼どもも「それがよからう」と言つて、銘々に棒を手に持つて立ちあがり、その中の一人の鬼はとう〳〵兄を梁から引きおろしました。そこを鬼どもが寄つてたかつて、あの棒で打つたから堪りません。兄の體は打たれるに從ひ、見る間にだん〳〵細長く延びてきました。長く〳〵蛇のやうに長くなつた上、口はつんと尖つて鷹の嘴のやうになり、目は兎の目のやうに小さくなりました。この姿を見た鬼ごもはまづこれで充分だご言つて、兄をそこから突き出しました。散々ひごい目に遭つて、兄は泣く〳〵村へ歸つて行くご、村の者もはじめは兄の變つた姿をみて喫驚しましたが、兄の平生の行がよくありませんから、後では何れもこの姿を見て笑ふやら嘲るやらして、誰も相手にしてくれません。そこで兄はがつかりして家へ歸つて行くご、家の者まで愕き怖れて皆逃げ出してしまひました。

二〇　哀れな兒

むかしあるところに萬壽ごいふ哀れな兒がありました。たよりに思ふ父母にはまだ幼い折に死に別れ、その上家が至つて貧しかつたものですから、小さい時からいろ〳〵の人のところに傭はれて、支枷を負つたり、水を汲んだり、その外いろ〳〵の仕事に使はれて、辛いその日を送つていきました。

萬壽はまことに素直な溫順しい兒でしたが、その主人といふのは非常に無慈悲な人で、哀れな萬壽を可哀さうに思つて、いたはつてやるところではなく、朝から晩まで追ひ使つて少しの息む暇をも與へず、且つ小言の絶ゆる時がない程でした。しかし萬壽はそんなことを少しも苦にせず、能く耐へ能く忍んで、いつも元氣よく忠實に働いてゐました。

年月は矢の如く過ぎ去つて、今や萬壽も十三の春を迎へることになり、今日は一年中で最も目出度い正月の元日となりました。目出度い日のことでありますから、常には鬼のやうな主人でも、今日ばかりは福の神のやうなにこにこ顔になつて、下男下婢にも新しく美しい着物を着せ、又は遊ぶ暇を與へるのが世の習はしであるのに、この主人ばかりは、相變らず萬壽に古着の穢いのを着せたまゝで、山へ薪木を採りに出しました。

萬壽は今日だけは少しは體を休めて遊ぶことが出來るかと思つてゐたと

ころへ、又山へ行けと言はれて、思はずほつと溜息をつきましたが、しかし「自分はこの主人の世話になつてゐる體だ。主人の命令に背いてはならない」と考へ、すぐに心を取り直し、支械を負ふて出かけました。

山へ行く途中では多くの人に出遇ひました。顔は新年の歡に輝き、美しい新衣を飜しつゝ、行く多くの人に出遇ひました。出遇ふ人も出遇ふ人も萬壽の穢い風態をして支械を負ふて行くのを見て、いかにも輕蔑して通り過ぎてゆくようでした。しかし萬壽はそんな事を少しも氣にせず、ずん／＼と山へ登つて薪木を採りました。さすがに今日は正月の元日です。何方を見ても、山には人一人見當りません。あたりはひつそりと淋しくして、音するものは林に鳴る風の音ばかりでした。「ああ自分は何といふ哀れな兒だろう」と思ふと、知らず識らず萬壽の頰に涙が流れ落ちるのを止めることが出來なかつたが、「こんな心の弱いことでどうする。自分は男ぢやないか」と、又心を勵まして薪木を集めました。薪木もやがて澤山に採れました。で、それを束に圓めて支械の上に積み上げ、「まづこれでやつさ安心した」さ萬壽は木の根に腰を卸して、一休休んでゐました。

この時俄に山の上で唯ならぬ物音がしました。おやさ思つてゐるさころへ、忽ち一匹の鹿が驀然に駈け來て、

『何うぞ私を隱して下さい。何うぞ私を隱して下さい。』

さ頼みますから、萬壽は鹿が何かに追はれて來たに相違ないさ考へて、

『よし〳〵私が助けてやる。』

さ、自分の後の叢に手速く隱してやりました。そこへ、間もなく一人の獵師が鹿の跡を追つて來ました。獵師はあたりを搜したけれど鹿の姿が見當らないので、急いで他の方向へ走つて行きました。

獵師が立ち去るさ、鹿は怖はごは叢の中から匍ひ出して、萬壽の前に進み出で、先づ命を助けてくれた禮を述べてから、

『その御禮さして一つ差上げるものがありますから、何卒私さ一しよに御出

で下さい。」

と言つて、鹿は先に立つて歩き出しました。萬壽は鹿の言ふまゝに其の後について行きますと、鹿は深い山に入つて、恐しく高い巖に圍まれた谷の底のやうなところに案內しました。そこには一むらの草が生ひ茂つてゐました。鹿は萬壽に向つて、「この草を持つて御歸りなさい。きつと好い事がありますから」と言つたかと思ふと、忽ち一陣の山風が吹き起つて、白雲があたりに湧き上り、その中に鹿の姿は消ねてしまひました。

奇妙な鹿もあるものよと思ひながら、萬壽は試しにその草を少しばかり採つて、山を下りていきました。ところが、不思議にも手に下げた草はだん〳〵重くなつて來ました。これはどうした譯かと手に握つた草を見れば、草はいつの間にか、世にも珍しいほどの見事な人蔘と變つてゐました。

萬壽はこの人蔘を大變に高價に賣ることが出來ました。それから後萬壽はいつもこの草を山から採つてきて、それを市に賣り、終には大した富を作ることが出來ました。萬壽はこの樣に幸福な身分となりましたけれど、またいつも哀れな人を救つてやることを忘れませんでしたから、終には多くの人々から非常な尊敬を受ける立派な人となりました。

二 臆病な虎

山の山の山奥に一匹の大虎が棲んでゐました。この虎が一度吼られば、滿山の百獸はみな畏れ戰いて、聲を潛めるほどに偉い威勢でしたから、虎も大いに慢心して、「凡そ世の中に俺ほど強いものはあるまい」と平生思つてゐました。ところがこの大虎が飛んだ大失敗をやつたのだから面白い。

さてある日、この大虎が長い晝寢から覺めました。餘り永く眠てしまつて食べ物を取ることを忘れたので、目が覺めると、大虎は腹が空いて堪らなくなりました。「どれ一つ御馳走でも搜してくるかな」と、日暮れを待つて大虎はのそりのそりと山奥の洞穴を匍ひ出し、山の麓の村へ出て、あちらこちらとうろついた末に、ある百姓家のところへ來ました。百姓家の側には一つの牛小屋があつて、その中には大きな牛が一頭好い心持で寢てゐるのを見ました。「こいつはうまい御馳走を見つけた。一つこいつを獲つて食べてやれ」と思つて、大虎はそつと牛の傍に歩みより、まづ百姓家の內の樣子を窺ひました。

するとその時家の中からは子供の泣聲が聞えてきました。「おや子供の泣聲がする。妙な聲で泣くものだな。一體人間の子供つてものはなぜああ泣くのだらう」などと考へながら、大虎はそつと窓近くに耳を寄せて、家の內の人聲を立ち聽きしました。家の中ではそんなことは少しも知る筈もなく、お母さんは頻りに子供を嚇したり宥めたりして、泣きを止めさせようとしてゐました。

「それ山猫がきた……それ大蛇がきた。」

などと言つて、お母さんは一生懸命に子供を嚇してゐました。しかしそれでもなか〳〵泣き止まないので、

『それ山奥の大虎がきた。』

と言つて嚇しました。今度は泣き止むかと思ふと、相變らず子供は泣きつゞけて居りました。この樣子を見て虎は驚きました。「これは不思議だ。この母親はどうして俺がきたのを知つてゐるのだらう。俺はこの通りこつそりとやつて來て隱れてゐるのに、あの母親はちやんと覺つてゐるのだ。何か神通力でも持つてゐるに違ひない。恐しい女だ。それから又、あの子供は何んといふ偉い子供だらう。あの神通力の母親が「それ山奥の大虎がきた」つて嚇しても、一向平氣でゐるんだ。この俺を恐しく思はぬとはよく〳〵强い子供だ。こんな親子にかゝつては俺なぞとても敵ひさうもないぞ。ああ薄つ氣味が惡くなつてきた」と虎は釣り髭を顫はせてゐました。

家の内では又、虎がそんなことを考へてゐるとは夢にも知らず「大虎がきた」

と言つても子供が泣き止まぬので、母親は仕方なしに「それコカム(乾柿)」と言つてみました。コカムといはれると、あれほど泣いてゐた子供は不思議にぴつたりと泣き止みました。これをみると虎は全く愕いてしまひました。「これは大變なところへ來合はせた。一體コカムとは何者だらう。俺ほどの恐しいものすら怖がらないあの子供が、コカムの一聲を聞くと、あの通りぴつたり泣きを止めて了つた。察するところコカムといふのは、俺なんかとても敵はない恐しく強いものに違ひない。何だか體中がぞく／＼してきて仕方がない。ああ、怖いな。コカムが來たといふのだから、うつかりここを出て、そのコカムに捕つたら大變だ。こりやこゝにじつとして動かないでゐるより外に法はない」と、さすがの大虎も牛を喰ふどころではない、眞暗な牛小屋の牛の側にぶるぶる顫へながら、小さくなつて隠れてゐました。

そこへ又やつて來た者がありました。外でもない牛盜人でした。牛盜人は今夜の暗がりをこれ幸とそこに虎がゐるとは少しも知らず、こそり／＼と牛小屋に手さぐり寄つて、方々を撫でまはしました。すると手に觸つたものがあります。一匹の角のない肥つた牛のやうでありました。

「こいつは素敵に肉つきのいい子牛だ。こいつを盜んで行けば、大した金になるぞ」と、盜人は腹の中では大よろこびで、そつとその牛の首に綱をかけて、牛小屋から引き出しました。ところがこの引き出されたのは……皆さんお察しでせう……子牛ではなく、あの大虎でした。大虎は「今自分に綱をつけて引き出すのは、あのコカムといふ恐しいものに違ひない。若し自分が聲を立てたり抗らつたりしたら、忽ちコカムに殺されて了はふ。こいつは何でも靜かにしてゐて、コカムの爲る通りになるがよからう」と考へて、温順しく盜人のするがまゝになつてゐました。盜人の方ではまた、虎が温順しく自分のまゝになるので少しも疑ふところなく、佳い子牛を取つた積りで、その背に飛び乘り急いで逃げて行かうとしました。

盜人がいよ〳〵その背の上に乘つて見ると、何んだか少し牛とは樣子が違ふのに氣がつきました。變に思つてよく〳〵手さぐりで調べてみるこ、これは大變だ、自分は虎の背の上に乘つてゐるのでした。盗人は愕いたの愕かないのつて、その愕きかたはとても言葉につくされません。盗人は考へました。「この上はもし虎の背から下りたなら、忽ち喰はれて了はふ。何んでも背から落ちない工夫をしなけりやならない」と、今度は一生懸命になつて虎の首のあたりにしがみ付きました。首のところを強く締められたので、虎の方でも苦しくなつて「さあいよ〳〵これで俺もコカムに殺されるのかも知れないぞ。もうかう成つてはこれ迄だ。背の上のコカムを振り落して遁げられるだけ遁げるより外はない」と考へて、虎も一生懸命で背の上に乘つてゐる者を振り落さうとしました。そこで虎は跳ね上るやら、駈け回るやら、搖すぶるやら、出來るだけのことをして、大暴れに暴れました。かうなつては盗人の方もいよいよ一生懸命で、虎の背から落ちないやうに、精ぎり一ぱいの力で、虎の咽喉のところに攫まりました。咽喉をぎゆつと攫まへられて苦しいから、虎は夢中になつて駈けだしました。駈けて〳〵幾里となく駈けて、終にある大きな樹の下を駈けぬけようとしました。

駈けぬける時、盜人は大きな樹の枝が垂れ下つてゐるのに氣付きました。こゝぞと思つて、盜人はその枝に跳びつき樹の上へ登つて、やつと命が助かりました。何も知らない虎の方もまだ思ひがけなくも恐しいコカムから遁れることが出來たつもりで、山の上へ上へと、息氣もつかずに夢中になつて駈け上りました。山の上の高いところまで來て、虎は「やれ〳〵嬉しや、これで漸く命が助かつた」と、大そうな歡です。

虎が大歡びでゐるところへ、山の高みの方からやつて來たのが一匹の兎でした。

『やあ虎さん。何うしたのです。大變嬉しさうな顏をしてゐるぢやありませんか。』

『兎公か。今やつと危いところを逃れてきたところなのだ。何しろコカムから逃れて來たのだからな。』

『コカム。コカムつて何ですか。』

『コカムを知らないのか。あんな强い恐しいものを知らないのか。世界にあれほど恐しいものはあるまい。ああ怖い。考へても體中がぞつとする。』

『そんな恐しいものなんですか。一體どんな形をしてゐましたか。』

『形か。形はあんまり怖いのでつい見ずに了つた。』

『ハッハッハッ………見ずに怖がつても仕方がないぢやありませんか。で今そのコカムはどこにゐますか。なにあの大木の上に。宜しい、一つ私がその形を見とゞけて來ませう。』

『これ止せといふのに。お前達のやうな弱蟲は一口に喰はれてしまふぞ。』

『なあに大丈夫ですよ。怖ければこの迅足で逃げて來ますよ。』

とぴよん／＼跳ねて行つてしまひました。

兎が來てみると、虎の言つた通り果して道に大木がありました。一體どこにコカムといふ恐しいものがゐるかと怖はごはながら木の下に窺ひ寄つてみると、そんなものは少しも見當りません。だん〳〵よく見ると、木の中の大きな穴の奥に一人の男が隱れてゐて、ぶる〳〵顫へてゐました。「なーんだ、コカムところか人間か」と兎はから〳〵と笑つて、

『もし〳〵虎さん、心配には及びませんよ。コカムぢやない、人間ですよ。早く來て喰べてやりなさいよ。』

と大聲で呼ばはりました。それでも虎は怖がつてなか〳〵出て來ません。そこで兎は更に大聲で、

『虎さん早くいらつしやい。これこの通り、私が人間の逃げられないやうに穴を塞いでゐますから。』

と、兎は自分の尻で穴を塞いで、虎の來るのを待つてゐました。この聲を聞いて愕いたのは穴の中の盜人です。これは大變なことになつた。もしも虎にこの穴に來られた日には、もうそれつきり命は無い。こいつは何んとかして

虎を穴に入れない工夫をしなければならぬと考へ、巾着の中から紐を出して兎の尻尾を縛り、兎が穴から逃げられないやうに引張りました。虎の加勢をして人間をいぢめてやらうと思つたのに、却つて自分の尻尾を引張られて、痛くつて堪りませんから、兎は大聲を上げて泣き出しました。この聲を聞いた虎は「それ、やつぱり兎の奴がコカムに攫つたのだ」と、一目散に逃げていきました。後に殘された兎も何とかしてその場を逃げて行かうと思つて、今はもう命かぎりの力を出して、終には大事の大事の尻尾を引き切つて逃げました。兎の尻尾の短いのはこれから始つたとか言ひ傳へられます。

二三　三つの寶

むかしあるところに金持の父親がありました。父親は重い病にゝかつて最早この世に永久のお暇をせねばならない體となりました。そこで父親は三人の息子達に自分の財産をそれ〴〵程よく分けてやつて、間もなく死んでしまひました。ところが兄弟三人のうち、上の二人はまことに慾深者でしたから、季の弟の財産をも半分以上は自分の方に分け取つて、それで好い事にしてゐました。季の弟の方はまた兄さん達とは生れつきがまるで別で、人に慈みの心深く、困つた人を見れば少しも惜しむところなく、どし〳〵その人に金や品物を惠んでやりました。このやうにして兄達の方は日増にいよ〳〵金持になつていくのに、弟の方は日増にだん〳〵貧乏になつていき、二三年經つうちには、弟は父から受けた財産をば殘らず失して了ひました。これを見た兄達は大變に弟を詰めました。不都合な奴だ、父の名を汚す奴だといつて村から追ひ出しました。

　村を追ひ出された弟はどこへもたよるところもないから、あちらこちらさ方々を巡り歩いて、ある川のほとりに來ました。川には橋が架つてゐましたが、その橋の袂で弟は一人の年寄つた僧侶に出遇ひました。僧侶はその身に襤褸をまとひ、全身垢と塵に汚れ、且非常に痩せ衰へて、歩くのもやつとのやうに見ゐました。弟はこの姿を見ると大そう氣の毒に思つて、老僧の荷物を擔つてやつた上に、その供をして行きました。弟は老僧の供をして、終にある山寺につきました。山寺では薪木を樵り火を焚き、御飯を炊く世話までしてやりました。また老僧に代つて佛壇に供へるものの手傳をしたり、その外一切のことの扶けをして、老僧をいたはつてやりました。

するとある日老僧は弟を呼んで、

「お前はまことに柔順で親切な人だ。その褒美としてこの三つのものをやるから、それを持つて家に歸るがよい。」

といつて、弟に瓢簞と木の箸と莚とをくれました。なんだか見るところ洵につまらないやうなものばかりですが、弟はつまらないからといつて粗末にはせず、大事に手に持つて老僧に別れを告げ、自分の村を指して出發しました。

だん〳〵歩いていくうちに日が暮れたので、その夜は野宿しようと思ひ、野原の草の上に持つてきた。莚を敷かうとしました。すると莚は忽ち美しい布團に變りました。これはをかしいと思つてあたりに氣を留めると、不思議不思議自分は宏壯な家のまん中に坐つてゐるではありませんか。弟は全く呆れてしまつて、暫くはたゞ茫んやりと夢のやうな心持になつてゐましたが、よくよく考へてみると「こんなにしたのはあの莚の力だ。この莚はたゞの莚ぢやない。してみると、この瓢簞だつてたゞの瓢簞ぢやないかも知れない」と考へて、そつとその瓢簞を手に取つて横に傾けてみると、果して中から出てくるは出てくるは食べ物といふ食べ物はどんな旨い珍しいものでも、いくらでも望み次第に出てまゐります。それでは木の箸の方はどうだらうと思つて、その箸を手に取つて叩いてみると、やつぱりこれもたゞの箸ではありません。箸を叩く音がしたかと思ふと澤山の美しい女や男が現れて、食物を運んできては、食事萬端の世話をしてくれます。「これは有りがたい、かう思ひがけない立派な家に住ひ、立派な食べ物を食べられる身分になられたからには、是非一度自分の村に歸つてみたいものだ」といふ氣になつたかと思ふと、忽ち向ふからちやんと輿を舁いで、大勢の御供の者が迎へにきました。

弟が立派な輿に乘り多くの御供を從へて、自分の村をさして歸つていくと、道のほとりで二人の男が喧嘩をしてゐるのに出あひました。弟は「お前達は何故爭ふのか」と御供の者に訊ねさせると二人の者は弟の前に恐る〳〵まかり出て地べたに頭を下げてから、喧嘩になつた譯を話しました。よく〳〵見れば、この二人は自分の兄なのでした。弟は默つて二人の言ふところを聽くことにしました。兄達二人は自分の目の前に、弟がゐるなどとは夢にも思ひませんでした。そこでまづ一番の兄が話しましたが、その話すところに依ると、「次の弟と共に遠い國へ商賣に往つた。ところが弟の失策で大した損害を蒙つたから、弟がその損を出すのが當前だといふのでした。しかし次の弟の言ふところでは、それは全く兄の商賣が下手なためだから、兄がその損を引受ける筈だ」とのことでした。 季の弟はこれを聽いて「兄弟のくせにお互に仲をわるくして、慾のために爭ふとは甚だ不心得な事であるぞ」と、よく言ひきかせてから、そこを出發しました。 いよ／＼村に近づいたので、弟は再びもとの貧しい姿になつて、兄達の家に歸つていきました。 兄達は久しぶりで弟が歸つてきたのだから、大いに歡んで迎へるべき筈なのに、却つて厄介な奴が歸つてきたといふ風に、少しも面倒を見てやらぬばかりではない、頗る殘酷に遇らつて、食べものも碌に食べさせませんでした。

ここで、弟は「自分があれほど心をこめて言つて聽かしたのに、兄達は未だに心を入れかへず、相變らず慾深で無情なのには困つたものだ。 しかしかうして居ては自分も體が惡くなるばかりから、一つ自分も家を建てて安樂に暮さうと考へ、例の瓢簞と木の箸と莚の力を利用して、宏大な邸宅や多くの僕婢などを兄達の家の向ふの河原に一夜の中に拵へて置きました。 その明くる朝、二人の兄達はふと川原の方を見ると、昨日まで何にもないところに空を障るほどの城のやうな堂々たる建物が立つてゐるではありませんか。兄達は何度か眼を擦つてみました。「どうしてもこんな家がある筈がない、自分の眼がどうかしてゐるか、それでなければ夢を見てゐるに違いない」と思つたからです。しかしいくら眼を擦つても、瞠つても、向ふの家は消えもしなけりや動きもしません。「これはいよ〱本當にあんな家が出來たのだ。一體まあ何樣のお邸だらう」と不審に思つてその家の門のところへ行つて、誰の家かと奉公人に恐る〱尋ねてみました。するとこれが自分達の弟の家だといふことが分りました。いやもう二人の兄の愕くまいことか。

もとより弟を愛するためでなく、自分等も一つそんな身分になりたいといふ慾心より外にない兄達は、早速にも弟に面會を求めて、どうしてその樣な結構な身分になつたかと尋ねました。弟がその譯を話しますと、慾に限りのない兄達は「よし〱自分の財產を貧民に分けてやつても、そんな結構な身分になれるなら、つまりその方が得だ」と思つて、早速に自分達の持物をば殘らず貧民に無暗矢鱈にやつてしまつてから、大急ぎで弟の話した寺にやつていきました。しかしながら折角行つてみると、お寺はあつてもあの老僧の姿はどこにも見ゑません。寺の番人に聴いてみると、その老僧はどこへ行つたか、天界の道士であるから、更に行衛が分からないとの返辭でした。二人は死ぬほどに落膽して村へ戻つてきました。兄達はもはや全く自分の家も財産もなくなつたので仕方なしに弟の許へ尋ねて行つて、救を求めるより外はありませんでした。弟は兄達のこれまでの無情な行など忘れたやうに、心よく二人を我が家に引き取つて親切に世話をしました。

二三　大蟹退治

むかし〳〵の或日のこと、猪と熊がある山の中で出遇ひました。兩方が顔見合はせると、まづ熊が言葉をかけました。

『やあ猪さん。どこからお出でですな。』

『お熊さんか、これはお珍しい。俺はなずつと南の濟州島は漢拏山から參りました。して貴所はどちらからいらつしつた。』

『俺はまたずつと北のはづれの白頭山から參つた。』

『それはまあお互に遠い處から參つたものだ。かうしてめぐり遇ふといふのも何かの緣だから、どうです、一つ貴所と二人で世界を見物して歩かうではありませんか。』

『成る程それは面白からう。では猪さん、どうぞ御一しよに願ひませうか。しかしお互にかう獸の形をしてゐては萬事都合が惡からうから、一つ人間に化けようと思ふがどうです。幸ひ俺は白頭山で天人からその化ける術を習つたから、人間になるくらゐは何んでもないが猪さんにはそれが出來ますかな。』

『出來ないでごうします。不肖ながらこの猪も、漢拏山の道士から敎はつて存じてゐる。』

『それはいよ〳〵都合がよい。それでは猪さん、早速人に化けようではないか。』

『宜しい承知しました。では二人一しよに一、二、三の掛け聲をかけて、一しよに人間に化けることにしませう。』

『宜しい。さあやりませう。』

『一、二、三』と兩方で聲をかけると、熊と猪とが忽ち人間に變りました。熊は若い人に猪は爽人に變りました。まづこれで可いと、二人はすぐに旅に出かけました。元よりごこに用があるのでもない呑氣な旅ですから、二人はあちらの山を見こちらの町を巡り、處々方々を見物し巡つて、ある日山の中の一つの村に來て宿りました。ところが宿つた家の隣で、頻りに人の泣く聲のするのが二人の耳にはいりました。これは唯事ではないと思つて二人が隣の家へ行つて家の人にごうした譯かご尋ねてみました。すると家の主人はその譯はかくかくであると打明けました。その話によるご、この村の山の奥には、幾百年ごも知れぬ永い歳月を經た大蟹が深い洞の中に棲んでゐて、村を荒して仕方がないので、村の人はその洞の前に蟹の拜所を造り、毎年一人づつ村の娘を蟹の御馳走に上げることにしてあるのでした。そのため毎年ごこかの家では悲しい目を見ねばならないのですが、今年はその番がこの家に當つてゐて、いよいよ明日は娘を差出さねばならぬ日であるとのことでした。

この話を聞くと、盲人に化けた猪は家の主人に言ひました。

「そんなことなら何もさう心配せずとも宜しい。私がその身代りに立つてあげよう。それにはお孃さんの着物を貸して貰はねばならない。」

家の主人はこの言葉を聞いて大變な喜びで、早速に着物を出しました。明くる日に村長は村の者を大勢つれて、娘を迎へに來ました。そこで猪は娘の着物を着、迎への轎に乘りました。村の者は轎を舁いで山の奥の蟹の拜所へこやつていき、その前に轎を置いて、われ先きに逃け歸りました。

猪は今か今かこ蟹の出てくるのを待つてゐるこ、その日も暮れて夜が更けたころ、洞の奥から腥い風が吹いてきたこ思ふこ、忽ち恐しく大きい岩のやうな蟹が、のそり〳〵こ歩みでてきました。蟹は轎の側に近寄つてきて、しばらくあたりの樣子を見廻してゐたが、忽ち大鎌のやうな螯を上げて、轎の中の娘こ思つてゐる人を一鋏みに鋏み殺さうこしました。この時まで娘の身なりをしてじつこ縮まつてゐた猪は、俄に蟹に飛びかゝつて螯に嚙みつきました。蟹は思ひがけない敵に出られて一方ならず喫驚して、一目散に洞の奥に逃け込みました。猪はこれを見こごけるこ、再び元の喪人になつて娘の家に歸り「もう決して心配することはない、安心するがよい。蟹をば懲して來たから」こいひ捨てて、熊の若い人こ共にまた旅に出かけました。

しばらく行くこ大きな川があります。橋はなし、渡舟は見ゑませんので、二人は例の術を使つて、忽ち大きな龜に變り、水を游いで行きました。するこ向ふからやはり龜が游いでくるのに出逢ひました。龜はお醫者をしてゐるこ見ゐて、手に藥箧をさげてゐました。

『やあ龜さん、どちらへお出でですか。』

こ熊が尋ねるこ、龜は答へました。

『私はこれから蟹の拜所へ行くさころです。』

『おや蟹の拜所へ。蟹がごうかしましたか。』

『ゐゐ、あの大蟹が何か大した怪我をしたそうで、私に是非來てくれいこいふここで、私は今そこへ行くさころです。』

『ああさうですか。私達も蟹さんこは友だちですから、御一しよに參りませう。そして洞の中へ行つたら、友だちが來たからこ傳へて下さい。』

『宜しい。では參りませう。』

そこで龜のお醫者はまさか熊や猪が龜に化けたのこは思ひませんから、こもに連れになつて蟹の洞にゆきました。龜のお醫者がまづ洞の中に入つて

155 ——

行つて、蟹の傷を療治したあとで、外に友だちがきてゐると話しました。蟹は少しも疑ふところなく、友だちつて一體誰だらうと思ひながら、外にゐる龜達を洞の中に入れました。 龜の姿の猪と熊は洞の中へ入ると、蟹の油斷してゐるところを覘つて、不意に蟹の上に飛びかゝり、蟹の頭と背に喰付きました。不意うちをくつてさすがの大蟹もどうすることも出來ず、とう〳〵その場に殺されて了ひました。 まづこれで村の害を除ひてやつたからと、兩方ともまた先の二人の人間に化け變つて村に引返へし、村の者に蟹を退治したことを話しました。 村の人は大喜びで、二人にその大恩のお禮をのべてから、何をお禮に差し上げませうかと尋ねました。

『何にも欲しくない。 牛を二頭ほど御馳走しなさい。』

と二人が言ふので、村の者は驚いて、二頭も持つてきて、一體どうして喰べるのだらうと不審に思つたが、「兎も角恩人の言ふことだから、その通りにしよう」と言つて、二頭の牛を二人の旅人の前に牽いてきました。 二人に大勢の村人の見てゐる前で、忽ち大きな猪と熊に變つた上、二頭の牛を殺して食べてから、村の人の喫驚して腰を拔かしてゐる間に、行方も知られぬ深い山の中へ身を隠して了ひましたとのことです。

二四　虎の天罰

むかし貧しい農夫の家に兄と妹の二人の子供がありました。お父さんには早く死にわかれ、たつた一人のお母さんに養はれて、漸くその日を送つてゆきました。親子三人が生きてゆくには、お母さんは何んとかしてお金を儲けねばなりませんから、毎日あつちこつちの家に傭はれて、いろ〱の仕事をしました。お母さんが仕事にでたあとには、二人の子供はいつも家に殘されました。子供達はその留守の間の淋しいところをよく辛抱して仲よく暮して居りました。

今日もまた、お母さんは、織物の糊をつけるのに隣村のある家から傭はれて自分の家を出かけました。

『では今日も出てくるから、二人で仲よくしてお留守居をするのですよ。しかし誰が來ても、決して家の中へ入れないやうにしなさい。解りましたか。』

『はいはい解りました。お母さん心配せずに行つてゐらつしやい。きつとよくお留守居をしますから。』

この言葉を聽いて、お母さんはやつと安心して、豆粥のお辨當を持つて家を出てゆきました。

隣村へゆくのには一つの山を越ゑねばなりませんでした。山には大きな樹が深く茂つてゐて、その中を隣村に通ふ細い路の一筋が通つてゐました。この路筋の通つてゐるところはまことに物淋しい氣味の惡いところでした。お母さんは子供を養つてゆかうといふ親の一心から、女ではあるけれども氣味悪いのも怖ろしいのも忘れて、たゞ獨りで山路に通りかゝりました。早くこゝを通りぬけたいと思つて、お母さんは歩けるだけ足速く路を辿つてゆきました。すると不意に大きな岩の陰から一匹の虎が現れました。お母さんは倒れるほどに喫驚したが、もう逃げることも出來ません。この上はたゞ虎が何うするか、そのするのを待つてゐるより外はないと思つて、ずん／＼先へ歩いてゆきました。すると虎はぶる／＼と顫へてゐるお母さんのところへ來て、

『お前の持つてゐるものは何んだい。それをこつちへ吳れなさい。吳れればお前だけは助けてやらう。』

と言ひますので、お母さんはすぐに豆粥と容物を投げてやりました。投げられた豆粥をば虎は忽ち一なめか二なめで平げて了つて、又お母さんの後ろについて來て言ひました。

『お前の右の手を御馳走しなさい。さうすればお前を喰はないで置かう。』

お母さんは默つて右の手を虎に差し出しました。お母さんは「手を取られても命さへあれば、可愛い子供には逢へる」と思つたからです。右の手も見るまに虎の口の中に消ゐて了ひました。すると又虎はお母さんの後ろに近寄つてきて言ひました。

『左の手を出しなさい。出せば命だけは助けてやる。』

お母さんは默つて左の手を出しました。「命さへあれば、可愛い子供に逢へる」と思つたからです。左の手も見るまに虎の口の中に消ゐて了ひましだ。すると、やつぱり虎はお母さんの後ろに追ひ迫つてきて言ひました。

『左の足を出しなさい出せば命だけは助けてやる。』

「足を喰はれてはもう家へ歸れない。可愛い子供にも逢はれない、それかといつて、こゝから逃げたつてとても逃げられやしない。あゝ何うしよう」と思ふと、お母さんは悲しくつて悲しくつて、終にその場に泣き倒れて了ひました。

殘酷な虎はかうして先づお母さんを喰べて了つてから、それでも猶飽き足らずに、その子供までも喰べてやらうと思つて、お母さんの着物を着て、子供の留守居をしてゐる家まで行きました。家につくと、先づ入口の戸を叩いて、

『開けなさい、開けなさい。お母さんが歸つてきましたよ。』

と言ひました。すると戸の中から子供は答へました。

『いゝえ〱開けられません。あなたの聲はお母さんの聲とは違ひます。』

『聲が變つたのは一日働いて疲れてゐるからです。』

『それなら手を見せて下さい。』

そこで虎は戸の間から手を差入れて見ました。すると戸の中から子供は言ひました。

『これはお母さんの手ぢない。お母さんの手はこんなに穢くつて、こんなに毛が生ねてゐません』。

『それは糊をいぢつて手を汚したからです。では洗つて見せませう。』

と虎は手に油を塗つてきて、戸の中に差入れました。すると子供の中の妹の

方がついその手をお母さんの手と思つて、戸を開けてやりました。

戸が開けられると、家の中に這入つて來たのは、お母さんの着物を着けてはゐるけれど、本當のお母さんでないことは子供にもすぐ分りました。そこで二人の子供は何だか恐しくなつてきたので、何うにかしてこゝを逃け出さうと思ひ、

『私達は一寸外の便所まで行つてきます。』

と言つて、家の裏に出ました。どこか逃げるところはないかなとあたりを見廻すと、井戸の側に桂の木がありました。これこそ幸と思つて子供はすぐにその上に攀ぢ上りました。

家の中に待つてゐた虎は子供の歸るのが遲いので、これは子供に逃げられたのだなと考へて、裏の方へ捜しに出ました。虎はあちらこちらと捜し廻りました。しかしどこにも子供がゐないのでふと井戸の中を見ると、水の面に二人の子供の姿が映つてゐる。これを見た虎はすぐに木の上の子供を見つ

けだしました。しかし木の上へ登る法を知らないので、虎は子供の中の兄さんに向つて尋ねました。

『坊や、お前はどうしてこの木に登つたな。』

兄の方は悧巧ですから、かう答へました。

『油を塗つて登りました。』

虎はその言葉の通り油を塗つて登りかけました。しかし滑つてどうしても登れません。そこで今度は虎は妹に尋ねました。

『嬢や、お前はどうしてこの木に登つたな。』

妹はまだ幼くつて考が足りませんから、かう答へました。

『斧で木に傷をつけて登りました。』

そこで虎は斧を取てきて、木を切りかゝりました。兄と妹はこれを見て、さあ大變だ、何うしたら宜いだらうと考へたが、別にそこを逃げる法が思ひ浮びません。かうなつてはもはや天の助けを借りるより外はないと考へて、二人は

天に向つて、
「どうぞ憐れな私達をお助け下さい。
と一心に祈りました。

すると天から新しい太い繩が降りてきました。二人はこれ幸とその繩に攫まりますと、繩はする〱〱と天へ引き上げられました。これを見ると、虎もどこまでも子供の後を追ひかけるつもりで、子供と同じやうに天に祈りますと、天からは古い太い繩が下つてきました。虎はすぐにその繩に跳び付きますと、やはり繩はする〱〱と虎を上へ引き上げてゆきました。上の方へ高く高く引き上げられましたが、もと〱この繩は古い繩ですから堪りません、忽ち途中からぼつりと切れて、虎は繩と一しよに、空中からくる〱くる回りながら大地に落ちました。體は微塵に碎けて死んで了ひました。

丁度虎の落ちたところには砂糖黍が生ゑてゐたので、その莖は虎の血に染りました。だからそれ以來、砂糖黍の莖には赤い筋が附いてゐるのだ。そしてまた天に昇つた子供の中で、兄さんはお日樣になり、妹はお月樣になつたとか言ひ傳へられてゐます。

二五　乭《のる》夫《ぶ》と興《ふん》夫《ぶ》

むかし慶尙・全羅兩道の境のほとりに二人の兄弟が住んでゐました。兄の名は乭夫、弟の名は興夫と申しました。兄の方は大した金持で、弟の方はまた至つて貧乏でしたが、兄弟はどうしたものか、その性質に天と地ほどの違ひがありました。兄の乭夫は一方ならぬ慾深の意地惡る男で、隣り近所にはいつも迷惑をかけるばかりでなく、たつた一人の弟が貧しくて困つてゐるのに少しも關つてはやらず、自分ばかり安樂に暮して、それで好いことにしてゐました。弟はまたそれとは違つて、誠に柔順しい正直な働き者でしたが、どうした運かいつも貧乏のしどほしで、その上大勢の子供を持つてゐたから、なか〳〵樂にはなれず、つい一日でも饑じい腹を充たしたこともなく、哀れな月日を送つてゆきました。

劉夫は金持ですから、その邸宅も立派なもので、廣大な土地に堂々たる家を構へて住んでゐましたが、それと變つて興夫の住居の憐れさはまたお話になりませんでした。日當りの悪い山蔭の淋しいところに小さい草屋を作つて、その中に親子の大勢のものがまるで狗の子か何んぞのやうに塊つて漸く雨風を凌いでゐるといふ始末でした。

仕合せな兄と不幸な弟とはこのやうにして幾年かを送りましたが、こゝにある歳の春、樹々の枝には綠の芽がふいて、暖い日の光に照された野邊のあちらこちらに、少年の吹き鳴らす柳笛ののどかな響を傳へるころ、春の歡びの使のやうに一羽の燕が碧空から飛んできて、興夫の村に參りました。燕は村中の家々の軒を一軒ごとに覗き込んで、頻りに巣を造る場所をさがしてゐるやうでしたが、何うした譯でせうか、數ある外の大きな家には入らないで、村中で一番憐れな興夫の小屋に飛び込んで、いかにも悅しさうに巢を造りかけました。興夫はこの樣を見て燕に話しかけました。

『燕や燕や、なぜこんな小さい草屋に入つて來て巢を造るのだ。雨風さへ凌げないこんな草屋に宿をせずとも、安全な立派な家は外にいくらでもあるではないか。』

しかし燕はそんなことには少しも關はず、小屋の中の細い梁の上に一心に巢を營むことを止めようとはしませんでした。

さうかうしてゐる內に巢は出來上りました。幾十日かの後には巢の中に可愛らしい雛さへうまれました。「こんなひどい破屋に來て、よくも可愛い子までうんでくれた」と、興夫は大そう燕を可愛く思ひ、早くその雛が大きくなるやうにと毎日それを樂しみにしてゐました。ところがある日のこと、その巢へ一匹の蛇が現れて、燕の親子を襲ひました。燕は片はしから喰ひ殺されましたが、たゞその中の一羽の雛燕だけは、危ういところを辛うじて遁れることが出來ました。遁れて命だけは助かつたけれども、遁げるとき籬に脚を引つかけて落ちたので、雛燕は脚を挫いたまゝ地上に落ちました。そして挫いた脚の痛さに、雛燕は地上に倒れて脚先を顫はせてゐました。これを見て大そう愕いた興夫は「おお可哀さうにと思つて、靜かに燕を掌に取りあげてから藥を持つてきて傷口に塗り、またその上を丁寧に絲で括つて、そつと巣の中に入れてやりました。十日餘り過ぎると、燕の脚の傷は大方癒つてきました。燕は大變嬉しさうにすぐ旅の仕度をして、自分の住む江南の國へと飛んで行きました。

燕は江南の國に着くと、早速にこの事を王様に申上げました。話を聽いて、王様は興夫の親切をば深く心に欣ばれ、是非ともその恩に酬ひやうと思つて、報恩瓢といふ瓢箪の種を贈ることにしました。

やがて年が明けて復た春が來ました。燕は瓢箪の種を口に啣み、三月三日に江南の故郷を出發しました。燕は海山幾千里の碧空を飛んで興夫の家に着くこ、その種を地面に落しました。燕が種を落したのを興夫は不審に思つて、それを摘み上げて見るこ、種の面に「報恩瓢」こいふ金の文字が現はれてゐます。興夫は「恐らくこれは唯の種ではあるまい」こ考へて、それを庭先の垣根の下に蒔いて置きました。

三四日たつこ芽が出てきました。芽は忽ちずん〳〵伸び始めました。伸びて、葉も出れば花も咲いて、終には瓢が四個ほご稔りました。「何だか不思議な瓢だな」思つて、ある日興夫は妻こ二人で鋸を以てその中の一つを截り割いてみました。するこ何うでせう、その中からは青衣の童子がひよつこり現れて、しかも手には仙藥を持つて出て來たではありませんか。それを飲めば、死んだ人も生き囘へり、年寄も少年の若さに囘へり、盲人の目が見へ、唖者が口をきけるやうになるこいふ不思議な妙藥なのです。これを見た夫婦の愕き歡びは一通りではありません。「珍しい瓢もあるものだ。餘り珍しいから、今一つ割つて見よう」と、夫婦は更に一つを割りました。すると果してこれからも種々なものが出て來ました。家の中で入用なものは何でも出てきました。それは〳〵美しい立派な道具が現れて、しかもそれが何から何まで揃はないものはありません。「序に今一つ」と思つて割つて見ますと、今度は穀物や寶が限りもなく出てきて、その後からは大工とそれを手傳ひする男女が無數に現れました。そして見てゐる間に與夫のために立派な家を建ててくれた上、家の中には珍しい結構な食べ物や着物を、いくらでも好きなほど持つてきてくれ、又金銀貨幣は大きな倉に一杯に充してくれました。まづこんな風で、與夫には俄に幸運が向いてきて、それ以來、與夫は瓢のお蔭で大そう都合よく仕合せに暮せる身分となりました。

　さてこの話を聞込んだのがあの慾深かの乭夫です。慾深先生どうしてじつとしてゐられませう。自分も一つ大いに儲けてやらねばならないと、早速家の梁に燕の巣を造つて燕のくるのを待つてゐました。

そこへ運の悪い燕が一羽迷ひ込んで來て、子をうむことになりました。乭夫はこれを見ると非常な歡びで、初めの間は大そう大事にかけて育てました。しかし元より慾深男のことですから、いつまでも辛抱してゐられなくなり、終には燃ゆるやうな慾心に驅られて雛燕を攫へ殘酷にも無理にその脚を折つてから、傷口に藥を附けてやつたり、絲で上を括つてやつたりして巢の中へ入れて置きました。

そのうちに燕は脚の痛みも少し取れたので、秋の九月九日に乭夫の家から逃げ出して江南に歸りました。江南の王は燕から脚の傷のわけを聽くと大いに立腹なされました。「酷い奴である。よしそのやうな奴は懲してやらねばならない」と仰言つて、燕に報讐瓢といふ瓢の種を與へました。

そこで明くる年の三月に燕はこの種を啣へて乭夫の村に行き、乭夫の見てゐるところへその種を落しました。乭夫はこれを見ると「それ來た」と早速にその種を拾つて、垣根のところに蒔きました。すると間もなく芽が出ました。

171 ——

乭夫は大喜びです。葉が手を展げたやうに伸びてきました。乭夫はますます喜びました。終に花が咲いて實が十餘個も稔るのを見た時に、乭夫の喜びは絕頂に達しました。「興夫は三つ割つてさへあの通り幸福な身となつたのだ、十餘個を割つたなら、俺はどれほど仕合せな身となれるか知れやしない」と思つて、ある日乭夫は大いに人にも見せてやるつもりで、わざ〳〵近所の人まで呼んで來て、まづ第一の瓢を割いて見みました。

割かれた瓢からはどんなものが出たでせうか。

瓢から出たのは何か寶ででもあるかと思つたら、意外にも一群の伽耶琴をひく者が現れて、頼みもしないのにやかましくいろ〳〵の藝をやつて、その藝のお禮として多額の金を取つてゆきました。

思ひがけない損をして乭夫は腹が立つたが、なあにこの後から佳いものが出るだらうと考へて、第二の瓢を割つて見ました。するとこれも當てがはづれて、中から現れたのは數へきれないほど大勢の老僧でした。老僧たちは騷騒しく物を鳴らして、その御禮だといつて金を取つてゆきました。

今度こそと思つて第三の瓢を割りました。すると瓢の中から妙な泣聲がするかと思ふと、現れたのはこれもいやな喪人でした。喪人はアイゴーアイゴーと頻りに叫んでは葬式の費用だといつて、これもまた多くの金を奪つてゆきました。

三つとも駄目であつたが、第四番目の瓢はどうであらうと、それを割つて見ると、現れ出たのは巫女達でした。しかも八道中の巫女が殘らず出てきたのだから大したものです。その巫女達は醯を嘗めた猫のやうな顏をして、いやな歌を謠つた上、太鼓の棒で兇夫を打つて、澤山の金を出させて持つてゆきました。

こゝに至つて兇夫も、もはや少し自暴になつてきました。もうどうでも關はないと思つて、第五の瓢を割つて見ると、中からは一萬人以上の人が眼鏡を持つて現れて來たので、これは堪らないと思つて、今度もまた兇夫は金を出

173 ——

して歸つてもらひました。

第六番目のを割つて見るミ、今度出て來たのは道化役者(초란이)一千人ばかりで、これもいろ〱なことを喋つては、㐓夫の背中を叩くやら突くやらするので、㐓夫は又も多額の金を出して歸つてもらひました。

これでもまだ、㐓夫は懲りてその慾心を壓へるこミが出來ませんでした。そこで手傳人に次の瓢簞を割らせようミしましたが、手傳人も今までのこミに懲りてるますから、いやだこいつて逃げようミするのを十兩の金を出して無理に七番目の瓢を割らせました。

するミ現れたのは兩班千餘名で、その千餘名が一しよになつて大聲を上げて詩を吟ずるやら、本を讀むやら、騷しいこミは一通りではありません。㐓夫は終に我慢が仕切れなくなつて、その塲を遁げ出さうミしました。するミ兩班達は大勢で㐓夫を取り抑へて、「遁げようミしたつて遁がしはしないぞ。お前の先祖は昔俺達の下人だつたのだ。これから今一度下人にして使つてやるから、一しよに附いて來い」と脅かされて乭夫は顫へ上つてしまひ、大金を出して漸く赦してもらひました。

たび／＼大損害を受けたので、乭夫の妻はもう懲り／＼して、「瓢を割ることは止めにしませう」と言つて、頻りに乭夫を止めましたけれども、乭夫の方はこれでもまだ本當に懲りないと見ゑて、妻の諫めるのも聽かずにまた手傳人に十兩の金を與へて、瓢を割らせました。

するとそこへ現れてきたのは一萬餘人の輕業師(사당거사)でした。 これがまた騷ぐの騷がないのつて、とてもお話になりません。 一萬餘の小鼓を叩く音は、山をも壞すほどの恐しい響であるのに、その上歌を謠ふのもあれば、乭夫の手足を擱へて、大勢でその體を振りまはすのもあるのだから堪りません。乭夫は散々に酷い目に遭つた上に、先祖傳來の田や畑を記した書類をば殘らず持つて行かれてしまひました。

八番目の瓢でも失敗してゐながら、飽くまで慾の皮の突つ張つてゐる乭夫

はそれでもまだ諦めることが出來ないで、更に九番目のを割りました。いくら割つても碌なものは出ない、いや益々好くないものが出てました。出たも出たも一萬餘人の惡戯者(광자)が出てきたのだから始末が惡い。砮夫は太い繩で縛られるやら、耳の側に口を寄せていやな聲で歌を謠はれるやら、喧しく喋られるやら、いつまでたつても限りがありません。今度もまた砮夫は死ぬほどの辛い目に遭はされた上に、大金を奪つてゆかれました。

幾度割つてみても出てくるものは砮夫を苦しめるばかりでした。砮夫の體中は傷だらけでもはや手も足も利かないほどになりました。もう大概に懲りて止めることかと思つたら、なかなかさうではありません。砮夫の慾の焰はそれにも增して益々熾んなつてきました。砮夫は四つ匍ひになりながらも、瓢のなつてるところまで行つて、また一つを取つてきました。「今度割れば都合十個だ、もう好い加減に何か結構なものが出さうなもの」と、心はいよいよ焦つてきて、第十番目のを割りました。盲者數萬人これが第十番目の瓢の中味でした。盲者達は咎夫の頭が裂けるほどやかましくお經を讀んで、銘銘に一攫みづつ金を掠へて行つてしまつた外に、咎夫には何の得もありませんでした。

一度二度ならず、終に十度までも散々な目に遭つて、痛い思をしたり大金を取られたりしたのですから、初めは千萬長者になる積りで割つた瓢のお蔭で、咎夫は今ははや一文なしの貧乏人となり果てました。

「餘り殘念だ。このまゝで止めるのは殘念だ。せめて今一つだけ運試しに割つて見よう。ひよつとすることの一つに何んな好いものが入つてゐないとも限らないぞ」と、また〳〵慾が手傳つて十一番目の瓢を開きました。瓢がぱつと割れるが早いか、そこに現はれたのはあの恐しい張飛將軍です。將軍は怒れる眼を赫つと見開いて咎夫を睨みつけると、首のところを鐵のやうな手でがつしりと攫み、破れ鐘のやうな巨聲を上げて、

「この不心得者め。親には不孝、弟には不親切なばかりでなく、樣々な惡行は

數へつくせない。その罰としては生かして置けないところだが、特別の恵みを以て赦してやらう、いや赦してはやるが唯では赦せぬ。赦されたお禮に俺の鼠の草臥れてゐるところを叩くのだ。」

こ命じました。爺夫は唯ぶる〱顫へながら命令のまゝに一生懸命になつて將軍の肩や腕や脚なごを叩きました。しかし鬼も及ばぬ強力の將軍のことですから、爺夫がいくら力一杯叩いても「まだ足りない、まだ足りない」こ言はれるので、終には力も根も盡き果てて、殆こ死にさうになつてから漸く將軍から赦されました。

かうなつては爺夫はもう無茶苦茶で、自分は何うならうこ關はないこ、今一つを取つて割つてみました。するこ今度は何も恐しいものは出てきませんでした。いや、いかにも旨さうな汁が流れ出てきました。「これは少し變だ」こ思つて、試みにその汁を嘗めてみるこ、なか〱旨い。「占めたぞ、占めたぞ、この工合なら次の瓢簞からはごんな好いものが出るか分らない」こ俄に元氣づいてきて、咎夫は夢中になつて屋根の上に駈け上り、色の黄いのを一つ取つて降りてきました。

　これが第十三番目の瓢簞です。色の黄い第十三番目の瓢簞。これこそ咎夫が大そう頼みにしてゐた瓢簞です。如何なる寳がこの中から現れたでせうか。咎夫の手に握つた刄物の刄が瓢簞の皮に切り込んだと思ふと、忽ちその皮の裂け目からは黄い汁がぴゆうと迸り出てきました。汁はごく〳〵と限りなく流れでてきました。いや流れは、忽ち瀧のやうな恐しい勢を以て、あたりいつぱいに溢れだしてきました。そしてまたその汁の臭いこと穢いこと、とても堪つたものではありません。咎夫は喫驚して聲を上げて遁げだしました。穢いものは溢れて溢れて、見る間に咎夫の家も邸も悉くその底に埋めてしまひました。

　かうなつては咎夫ももはや何うすることも出來ません。さすが剛情で譯解らずの咎夫も、今は全く閉口しました。咎夫は興夫の家に行きました。後悔恨の涙にくれながらこれまで興夫に對してやつた善くない行爲のお詫をして、興夫の助けを仰ぎました。興夫は乭夫の改心を知つて大變嬉しく思ひました。そして乭夫の家族を自分の家に引き取つて末永くその世話をして、兄弟仲好く暮しました。

— 180

大正十三年八月二十五日印刷
大正十三年九月　一　日發行

【定價壹圓貳拾錢】

朝鮮總督府

印刷者　京城府太平通二丁目一番地　播本恒太郎

印刷所　京城府太平通二丁目一番地　株式會社大海堂

發賣所　京城本町一丁目（電話本局二〇八六・六八四番）（振替京城二五、七三番）　大阪屋號書店

이시준 숭실대학교 일어일본학과 교수
숭실대학교 동아시아언어문화연구소 소장
일본설화문학, 동아시아 비교설화·문화

장경남 숭실대학교 국어국문학과 교수
한국고전산문, 동아시아속의 한국문학

김광식 숭실대학교 동아시아언어문화연구소 전임연구원
한일비교설화문학, 식민지시대 역사 문화

숭실대학교 동아시아언어문화연구소
식민지시기 일본어 조선설화집자료총서 12

조선총독부 편
조선동화집

초판인쇄 2013년 06월 21일
초판발행 2013년 06월 25일

편 저 조선총독부(다나카 우메키치)
편 자 이시준·장경남·김광식
발 행 인 윤석현
발 행 처 제이앤씨
등록번호 제7-220호
책임편집 최인노·김선은·주수련

우편주소 132-702 서울시 도봉구 창동 624-1 북한산현대홈시티 102-1106
대표전화 (02)992-3253
전 송 (02)991-1285
홈페이지 www.jncbms.co.kr
전자우편 jncbook@hanmail.net

ISBN 978-89-5668-960-9 94380 정가 28,000원
978-89-5668-909-8(set)

본 도서는 2012년 정부(교육과학기술부)의 재원으로 한국연구재단의 지원을 받아 수행된 연구임(NRF-2012-S1A5A2A03-2012S1A5A2A03033968)